广东财经大学学术文库

公益告发制度研究

周晓明　著

法律出版社
LAW PRESS · CHINA
北京

图书在版编目（CIP）数据

公益告发制度研究 / 周晓明著. -- 北京 ：法律出版社，2021
ISBN 978 -7 -5197 -6077 -9

Ⅰ. ①公… Ⅱ. ①周… Ⅲ. ①举报－研究－中国 Ⅳ. ①D926.3

中国版本图书馆CIP数据核字(2021)第212552号

公益告发制度研究
GONGYI GAOFA ZHIDU YANJIU

周晓明　著

策划编辑 朱海波
责任编辑 朱海波　李　军
装帧设计 鲁　娟

出版发行 法律出版社
编辑统筹 法律应用出版分社
责任校对 邢艳萍
责任印制 吕亚莉
经　　销 新华书店

开本 A5
印张 8.375　**字数** 184千
版本 2021年11月第1版
印次 2021年11月第1次印刷
印刷 北京建宏印刷有限公司

地址：北京市丰台区莲花池西里7号(100073)
网址：www.lawpress.com.cn
投稿邮箱：info@lawpress.com.cn
举报盗版邮箱：jbwq@lawpress.com.cn
销售电话：010－83938349
客服电话：010－83938350
咨询电话：010－63939796

书号：ISBN 978－7－5197－6077－9　**定价**：52.00元
凡购买本社图书，如有印装错误，我社负责退换。电话：010－83938349

前　言

组织语境下的公益告发制度指的是借由组织内部成员把组织可能发生、正在发生或者已经发生的错误行为向组织内部的个人或部门及有关行政部门、媒体机构和司法部门等进行揭露，促使法律得以遵循、组织错误行为得以阻止或纠正的机制。公益告发制度对于组织治理、内部控制、法律执行、政治运行来说意义重大，在公益告发立法较为发达的国家，如美国、英国、日本、新西兰等国，公益告发（whistleblowing）是防治欺骗政府、医疗腐败、税收欺诈、环境污染的重要手段，能够有效防治组织违法行为给社会公共利益带来的损害。

公益告发制度始于美国《虚假请求法》所确立的告发人诉讼制度，迄今已有150余年，该制度也曾在英国运行很长一段时间。除少数国家建立了告发人诉讼制度外，近50年来，世界各国掀起了一股公益告发立法的热潮，不少国家对公益告发颁布了专门法律，如美国的《告发者保护法》、英国的《公益披露法》、日本的《公益告发者保护法》、新西兰的《披露保护法》，以及韩国的《公益告发者保护法》都是著名的公益告发立法。此外，澳大利亚的公益告发立法值得一提，该国的公部门的告发制度特别发达，几乎所有的州和领地都有公益告发专门立法。

除了专门立法之外，尚存在大量的附属式立法，即在单行法中规定公益告发条款，以美国为例，美国联邦法律中至少有 18 个法律中有公益告发条款，这些公益告发条款均镶嵌在单行法律之中。美国的附属立法式公益告发制度以《上市公司会计改革和投资者保护法》《多德－弗兰克法案》最为著名，成效显著。此外，如澳大利亚的《职场关系修正法》、英国的《就业权利法案》、日本的《劳基法》《劳安法》《家内劳动法》《派遣法》《工资支付确保法》、韩国的《反腐败和国民权益委员会的设立与运营法》都有公益告发条款，并促进了这些法律的良好运行。

这些立法在时间上跨度较大，且不说颁布于 1863 年的《虚假请求法》，从近 50 年来的立法来看，美国《告发者保护法》（颁布于 20 世纪 80 年代末期）与韩国的《公益告发者保护法》（施行于 2011 年 9 月）在时间上也相差 20 多年，加之各国国情和法律制度的不同，每个国家的立法都颇具特色，在告发主体、告发渠道、告发保护、告发激励上的做法也各不相同。有些国家只有公部门的告发制度，有些国家只有私部门的告发制度，有的国家则存在覆盖公私部门的告发制度；有些国家的告发制度是广义的告发制度，人人皆可成为告发者，但有些国家的告发仅指组织语境下的告发，甚至有些国家不同的告发立法对于告发者的要求也不相同。此外，告发人诉讼制度也较为特殊，它几乎是美国独有的制度（南非也有，英国曾经也有）。

可以说,从全世界范围来看,公益告发制度显示出明显的国别特点,各国的制度都不相同,但有大体的框架可循。

本书希望在对这些成果进行介绍的同时,系统地归纳出公益告发的定义、构成要件、公益告发的渠道,重点研究国(境)外在告发人激励约束和保护问题上的观点,并总结出它们的共性,将它们整合成一个自成系统的公益告发制度。也就是说,要将焦点集中于组织内部的公益告发,要整合公部门组织和私部门组织的告发,还要将组织内外部的告发与告发人诉讼进行整合,在此基础上,研究公益告发的核心制度,如告发奖励、告发约束和告发保护等。

除此之外,本书也尝试对我国公益告发制度的重构提出建议。我国十分倚重公益告发制度,但事实上,我国的公益告发立法十分落后,立法文件十分庞杂,而且都极为粗糙,基本上没有体现我国在这个领域有过深入的思考或研究,告发制度并未发挥实效也就可想而知。具体而言,我国存在三个内涵完全相同的制度:一是举报制度;二是检举制度;三是揭发制度,三者皆指行为人将其获取的违法信息向相关部门进行信息披露,以便这些部门对违法行为人采取行动的法律制度。这三个制度各自都有数量庞大的法条,但杂乱无章,且相互混淆,貌似有区分,实则没有差别,这给法律适用和法学研究带来了很大的困难。虽然有学者试图将这几种制度进行区分,但这种努力显然是徒劳的,也没有必要。我国应该借鉴国外的公益告发制度,对我国现存的公益告发制度进行重构,将现有的三种告发制度合而为一,以“公益告发”统领,从而结束目前的混乱局面。

本书将在对国外公益告发制度研究的基础上,提出对我国公益告发制度的具体建议,包括告发理念的重构、告发渠道的重构、告发激励的重构、告发保护的重构,以及告发人诉讼的建立。希望本书的研究能够让世人了解组织成员作为社会的一分子所肩负的社会责任以及在监管组织行为中的重要作用,借由他们的行动,使社会公众免受组织行为的损害,这对组织的健康运行和社会公共利益的保护来说,都具有重要意义。

目录

第一章　公益告发学理界定及立法概述

第一节　组织语境下的公益告发

一、告发的词源

“告发”一词可能从未在我国的法律条款中出现过，但是它在汉语中的使用却由来已久。“告发”是多义词，可作两种解释：一指告别出发，这一含义用得较少；[①]另一指向官府检举揭发，这是其最常用的解释，一般在文言文中出现。[②] 但是在推行白话文之后，“告发”有了新的替代词，如“检举”

① 如《太平广记》卷二百引《抒情诗・李蔚》：“（李蔚）有布素之交孙处士，不远千里，迳来修谒。蔚浃月留连。一日告发，李敦旧分，游河祖送。”该句中的“一日告发”，“告发”即作“告别出发”解。

② 如宋代欧阳修《再论按察官吏状》：“国家之法，除赃吏因民告发者乃行之，其他不材之人……皆明知而不问。”元代关汉卿《窦娥冤》第二折：“小子太医出身，也不知道医死多人，何尝怕人告发？”明末冯梦龙编的《警世通言》中的“金明池吴清逢爱爱”篇中的“万一被这老子告发时，毕竟於我不利。”清代长篇小说《平山冷燕》第七回：“他虽得罪於你，却无人告发，我怎好平白去拿他？”等。

“举报”“揭发”等,“告发”一词似乎有弃而不用的倾向。本书复而使用“告发”这个词,非故作高深之意,实因“检举”等词皆无法准确表达笔者希望表达的意思;另一原因在于“检举”等词常被国人混用,学者们也往往不作区分,这实在不利于相关研究的展开,故本书使用“告发”一词,以示其与“检举”等词的区别。

“告发”在英文中可以找到“whistleblowing”一词与其对应,本书所指“告发”即是组织环境下的“whistleblowing”。国外对“告发”的研究较早,而且成果颇多,研究的深度也让笔者惊叹,但是国内的研究者却屈指可数,从仅有的几位研究者来看,有的仍将其译为“检举”,[①]且不说其是对“whistleblowing”的误解,至少与本书的研究已非相同语境;有的学者将其译作“弊端揭发”、[②]“不法揭露”[③]或“揭弊”,[④]也有的译作“公益通报”、[⑤]“公益揭发”[⑥]或“公益告发”,[⑦]几乎各不相同。其实,为了定义告发,英语国家的人也是伤透脑筋,

---

① 参见李志明:《公民检察权研究》,中国社会科学出版社 2013 年版。

② 参见关中:《行政伦理的重要议题——从保护弊端揭发人谈起》;黄宏森:《政府采购与揭弊保护:以萧秋德揭弊案为例》,载高雄大学政治法律学系:《公益揭发:职场伦理新趋势》,巨流图书股份有限公司 2010 年版。

③ 李淑如:《公司治理之内部组织控制与不法资讯揭露之法制发展》,载高雄大学政治法律学系:《公益揭发:职场伦理新趋势》,巨流图书股份有限公司 2010 年版。

④ 程挽华、杨戊龙:《英国、纽西兰、澳洲(维多利亚省)揭弊保护立法比较》,载高雄大学政治法律学系:《公益揭发:职场伦理新趋势》,巨流图书股份有限公司 2010 年版。

⑤ 简玉聪:《论企业内部告发(揭弊)之劳工保护——以日本〈公益通报者保护法〉为中心》,载高雄大学政治法律学系:《公益揭发:职场伦理新趋势》,巨流图书股份有限公司 2010 年版。

⑥ 高雄大学政治法律学系:《公益揭发:职场伦理新趋势》,巨流图书股份有限公司 2010 年版。

⑦ 参见李飞:《法律如何面对公益告发——法理与制度的框架分析》,载《清华法学》2012 年第 1 期。

"whistleblowing"即专为"告发"而新造的词，由"whistle"和"blowing"组合而成，在字典中的出现还不到40年的时间。1961年出版的《牛津英文词典》(Oxford English Dictionary)和1976年出版的《韦氏大词典》(第3版)(Webster's Third New International Dictionary)都没有收录告发("whistleblowing")和告发者("whistleblower")这两个词，只是对"to whistle"有释义。直到1986年增补的《牛津英文词典》才将"whistleblowing"收录其中，其释义即包括"告发或揭弊不合法的事情或刑事犯罪"。此外，此次增补还收录了"告发者"(whistleblower)一词，释义为"主要使用于美国，指对某人或某行为'吹哨'的人，尤指组织内的人。"① 正是因为"whistleblowing"在字典中出现的时间不长，直到今天，文字处理软件还常常无法识别这个词，以至于我们可能还误以为自己把这个词拼错了。

"whistleblowing"的本意是"吹哨"，是指裁判员在比赛过程中发现运动员有违规行为时，吹哨以中止比赛，并对违规运动员进行相应处罚的行为。曾经有法官追溯这个词的源头，然后声称"whistleblowing"源自英国警察的行为，当警察发现刑事犯罪时，如果觉得事发的区域比较危险，他会(吹哨)尝试引起公众和其他执法人员的注意。② 在20世纪70年代早期，"告发"曾是一个政治伦理学概念，指的是组织与社会之间的冲突问题，组织内部的"告发"政策也是一个用于消除组织与社会之间以及私人资本与公共利益之

① Wim Vandekerckhove, *Whistleblowing and Organizational Social Responsibility: A Global Assessment*, Ashgate Publishing, Ltd., 2006, p. 7.

② Daul v. Combined Ins. Co., 621 N. W. 2d 163, 167 n. 4(S. D. 2001).

间冲突问题的政治伦理概念。[1] 这些显然已非它今天的意思,它被使用的语境也已经慢慢发生了变化,近 40 年来,“告发”(whistle-blowing)在英文中主要出现在“组织”的语境中。人们一想到“告发”,马上就会联想到某一个组织的“叛徒”将组织的违法情事公之于众了。

在“组织”的语境下使用“whistleblowing”最早出现于 1971 年,在美国《计算机》杂志的“社会启示论坛”专栏的一篇文章中,该文作者 Hartmann 对“告发”持否定的态度,他问:“当一个专业人士以牺牲自己的职业前途为代价而告发,好像只是换来了局外人的权力及声望的增加时,他干嘛要那么做呢?”因而,他断言:向局外人“唱衰”自己的同事是不道德的行为。几个月后,一个叫 Smith 的人向这个杂志写了一封信,这个杂志将这封信也发表了,Smith 同意“告发”并非解决问题的最佳方案这个说法,与此同时,他指责 Hartmann 对告发所作的负面评价,他认为如果缺点、错误和问题被隐藏起来,而不是负责任地承认这些问题的存在进而去解决它,对于某个行业来说,这将是一种非常糟糕的状态……[2]这是“告发”在组织语境下使用的最早的例子,此后,学术研究者对“告发”的关注很快升温,到了次年,就已经有学者尝试对“告发”进行定义。

二、告发文化的形成

告发制度的产生由来已久,但是世界范围内现代意义上的告发

---

① Wim Vandekerckhove, *Whistleblowing and Organizational Social Responsibility: A Global Assessment*, Ashgate Publishing, Ltd., 2006, p. 16.

② Wim Vandekerckhove, *Whistleblowing and Organizational Social Responsibility: A Global Assessment*, Ashgate Publishing, Ltd., 2006, p. 7.

文化产生的时间却不算太长,随着大众对告发的关注逐年增加,人们对告发的态度逐渐由负面变为正面,大众媒体对于告发的传播也越来越多,告发的文化才这样慢慢地形成。

首先,对于告发的关注在逐年增加。自从美国《计算机》杂志首次在组织语境下使用"告发"一词之后,学者对"告发"的研究逐渐增加,"告发"在美国学术文献中出现的次数越来越多。当然,由于"告发"的主题涉及许多学科的学理问题,最早一批关注"告发"的学者集中于社会学、心理学、土木工程、信息技术(计算机)以及科学研究,在这些学科的期刊中,"告发"一词出现的频率越来越高。[①] 近年来,对"告发"的研究才慢慢转移到法学、企业管理及伦理学领域,在谷歌学术中使用"whistleblower"或"whistleblowing"作为关键词进行检索,可以检索到数以千计的论文,这足以说明:在英语国家,"告发"显然已经是学术界研究的热点问题。

其次,媒体对"告发"现象的关注也在增加。2000 年以后,美国的好莱坞拍摄了一系列关于"告发者"的电影,如《冲突》(Serpico)、《丝克伍事件》(Silkwood)、《永不妥协》(Erin Brockovich)以及后来拍的《惊爆内幕》(Insider),这些电影基本上都取材于真实的告发故事,表现告发者经受的压力及告发成功的艰难曲折。这些电影的热播,也在改变人们对于告发者的态度。2002 年年底,美国《时代周刊》公布了他们的年度风云人物,3 位曾在他们的组织中"告发"的女性入选,她们是世通公司(WorldCom)的副总裁库柏(Cynthia Cooper)、美国联邦调查局(Federal Bureau of Investigation,FBI)的律

---

① Wim Vandekerckhove, *Whistleblowing and Organizational Social Responsibility: A Global Assessment*, Ashgate Publishing, Ltd., 2006, p. 13.

师萝莉(Colleen Rowley)以及安然公司(Enron)的副总裁瓦特金丝(Sherron Watkins)。《时代周刊》在全世界都具有重大的影响力,能够将告发者列入时代周刊的年度人物,由此可以看出美国政府及社会对告发的认识程度较20世纪70年代已经大大提高,告发已经成为美国文化图景中重要的组成部分。

最后,也是最重要的,人们对告发者的态度逐渐由负面变为正面。2002年12月,《时代周刊》和CNN联合进行了一项电话调查,调查的对象是成年美国人,调查结果显示:59%的人视“告发者”为英雄,只有18%的人视他们为叛徒。[①] 这足以证明整个社会对告发的态度已经发生了重大的变化。

告发文化形成的原因可能来自多个方面:其一,它有可能是来自社会进步所带来的变化,随着社会的发展,社会分工的进一步细化,组织化大生产时代的到来,使我们比以往更容易受到组织行为的伤害,我们更希望得到组织内部的违法信息,以此来消弭组织内外部信息不对称的状况,以保护我们不受组织不当行为的伤害。普通的民众,相对于公部门组织来说,他们是公民,他们希望公部门组织能够廉洁行政,恪守行政伦理,始终代表他们的利益并为他们提供优质的公共服务;相对于私部门组织来说,他们是消费者,他们希望私部门组织提供的产品能够有质量保证,私部门的生产行为不会对环境带来损害。正是基于这样的原因,他们希望获得组织内部的违法信息,因而他们比以往更加关注告发。媒体也比以往更加关注告发这一主题,他们甚至将报道告发题材作为其自身的社会责任。

---

① Wim Vandekerckhove, *Whistleblowing and Organizational Social Responsibility: A Global Assessment*, Ashgate Publishing, Ltd., 2006, p. 17.

其二,告发文化的形成可能也是因为组织内部的告发行为在增加,勇于告发组织的不法情事的人越来越多,这可能意味着告发已经变得越来越容易了,也可能意味着组织违法行为在增加,比原来更有告发必要了。其三,对告发关注度的增加可能是来自语义学上的。如果“告发”这个词早在1970年就出现于组织的语境之下,而且这种信息的披露和控告也一直存在,那么把这种行为标记为“告发”就意味着其语境已经发生改变。[①] 对告发的关注度的提高也就意味着这一术语比以往更流行了,人们比以往更喜爱使用这一术语了。

三、公益告发的定义

对告发的研究可以从多个学科展开,伦理学、法学及其他社会科学领域都有不少研究“告发”的学者,他们对于告发的理解也会存在不同;即使是在法学领域,告发也是一个容易与其他术语混淆的概念,比如,“检举”、“举报”或“提供情报”等;此外,对告发进行准确的定义有助于区分什么样的告发者能够得到法律的保护,什么样的告发者因为不符合对法律告发者的要求,从而无法获得法律上的救济途径。由此可见,对其作一个限制性但又符合其制度目的定义十分重要。不少学者尝试对其进行定义,下面列举几个有代表性的定义。

对“告发”的最早定义出现于1972年,在一个关于职业责任与消费者利益保护的会议上,Nader将其定义如下:“告发是一个男人或女人的行为,他相信公共利益高于他所服务的组织的利益,当组

① Wim Vandekerckhove, *Whistleblowing and Organizational Social Responsibility: A Global Assessment*, Ashgate Publishing, Ltd., 2006, p. 19.

织出现腐败、非法、欺诈和有害的行为时，他选择了告发。[①]"Nader 认为"告发者"的作用是积极的，是有益于社会的。Nader 的定义距《计算机》杂志第一次在组织的环境下使用"告发"这个词仅仅过了一年，当时整个社会对于告发者的态度都是十分敌视的，告发者经常要面对来自雇主的处罚，Nader 勇于对这种不成熟的社会文化和对告发者的惩戒制度说不，他对"告发"的定义无疑是创造性的，这足以表明他对于"告发"的深刻认识和远见。

此后，Near 和 Miceli 在 1985 年对"告发"作出了一个影响很大的定义，他们认为，"告发"是"组织现在的或曾经的成员对组织控制下的非法、不道德或违反规则的行为向能对其采取行动的个人或者组织披露的行为"。[②] 除了法学研究领域之外，这个定义被广泛地使用于对于护理、内部审计、劳动法以及管理等方面的研究，而且也是对"告发"进行实证研究中运用最为广泛的定义。类似的定义还有美国的 Martin 和 Schinzinger 在他们合著的《工程中的伦理》一书中对"告发"的定义，他们认为："告发是组织现在的或曾经的雇员以不被组织认可的方式，向处于某一职位并能够对该组织采取一定行动的人举报该组织或雇主不道德的或违法的活动，以使该组织的违法活动得到制止的行为。"[③]

---

① Nader R., Petkas P. J. & Blackwell K. (eds.), *Whistle Blowing, The Report of the Conference on Professional Responsibility*, New York, 1972, in Wim Vandekerckhove, *Whistleblowing and Organizational Social Responsibility: A Global Assessment*, Ashgate Publishing, Ltd., 2006, p. 8.

② Near J. P. & Miceli M. P., *Organizational Dissidence: The Case of Whistle-blowing*, Journal of Business Ethics, 1985, 4(2): 1 – 16.

③ Martin M. W. & Schinzinger R., *Ethics in Engineering* 4th ed., The McGraw-Hill Companies, Inc., 2005, p. 167.

除此之外，Jubb 对“告发”的定义也颇具启发性——告发是一个非义务性的审慎的披露行为，由一个有（或曾经有）机会获得组织内信息或数据的人将组织控制下正在进行的、可疑的或者可预见的重要违法行为或者错误做法向可能纠正组织错误做法的外部主体披露。[①] 这个定义包含了告发的六个要素：行为（action）、成果（outcome）、行为人（actor）、主题（subject）、目标（target）和接受者（recipient）。值得一提的是，Jubb 的定义中并没有包含告发者的动机，这其实也符合他的初衷，他希望给出一个限制性的定义。如果要通过告发者的动机来甄别告发行为，那将使告发的定义变得更加不确定，因为动机往往是复杂的，容易被误解，而且难以破解。[②] 当然，他的观点并不被后来的告发制度的实践所认可，在几乎所有国家的告发制度中，告发者的动机都是其能否获得法律保护的重要的考量因素之一。

除上述四个有代表性的对告发的定义之外，还有不少学者尝试从不同的角度对告发进行定义。Elliston 认为，一个合格的告发行为必须满足以下四个条件：第一，一个个人实施了一个或一系列信息披露的行为；第二，披露的信息将被公开，有案可查；第三，这个信息是关于组织可能或已经实际发生的、较为严重的错误做法；第四，实施披露行为的个人是组织的成员或者曾经是组织的成员。[③]

① Jubb P. B., *Whistleblowing: A Restrictive Definition and Interpretation*, Journal of Business Ethics, 2001: 1, 77 – 94.

② Wim Vandekerckhove, *Whistleblowing and Organizational Social Responsibility: A Global Assessment*, Ashgate Publishing, Ltd., 2006, p. 22 – 23.

③ Frederick Elliston et al., *Whistleblowing Research: Methodological and Moral Issues*, Praeger, 1985, p. 15.

Rubinstein 认为，告发是“公司或者个体商号的员工将他认为发生于组织内部或由组织实施的错误行为进行披露的行为”。[①] 与此相似，Jones 认为，“告发是雇员对他的上级或雇主的违法行为向管理者或者执法部门进行披露……告发的‘目的在于暴露、阻却或抵制错误的做法’”。[②] 此外，Berry 定义“告发”是“通过说出真相，说出什么是正确的、什么是错误的，以此来保持廉洁的方法。它是主张权利、保护权益、影响正义以及纠正错误的一个制度安排。告发是来自良心的声音”。[③] 凡此种种，不一而足。

考虑本书研究的“告发”还包括告发人诉讼，本书以 Near 和 Miceli 对“告发”的定义作为基础，即认为“公益告发”是组织现在的或曾经的成员对组织控制下的损害公共利益的行为向能对其采取行动的个人或者组织披露的行为。Near 和 Miceli 对“告发”的定义中“能对其采取行动的个人或者组织”显然也可以包括法院，法院在判决活动中的行为虽然居中且消极，但是作出判决后，法院可以对生效判裁采取强制执行行动，就是对组织的行为“采取行动”。此外，向法院提起诉讼的行为的目的并不在于披露，但是诉讼活动的核心仍是告发的“披露”行为，因此，诉讼也可以解释为“披露”行为。

这是一个开放性的定义，它可以包含多种不同类型的告发，比

---

① Kevin Rubinstein, *Corporate Governance Five Years After Sarbanes-Oxley: Is There Real Change?*, Law Review of New York Law School, 2008, 52: 637 - 640.

② Julie Jones, *Given a Little Whistle: The Need for a More Board Interpretation of the Whistleblower Exception to the Employment-At-Will Doctrine*, Tex. Tech 1. Rev., 2003, 34: 1133 - 1136.

③ Benisa Berry, *Organizational Culture: A Framework and Strategies for Facilitating Employee Whistleblowing*, Emp. Resp. & Rts. J., 2004, 16(1).

如公部门的告发和私部门的告发、组织内部告发和组织外部告发、普通的告发和告发人诉讼等；它可以将更多类型的告发者——如针对组织违法行为的告发者、针对组织违反道德行为的告发者及针对组织违反规则行为的告发者等——包含进来，使他们受到法律的保护；与此同时，它也可以将一些类似于“告发”的行为排除在告发之外，如政府的线人、说闲话的人、组织外部的举报者等。

需要进一步说明的是，鉴于告发行为本身所具有的有益于社会的特点，无论告发者本人的动机如何，其行为的结果基本上都是可以促进整个社会福利增长的。公部门的组织，如政府部门、公共企业、非营利组织和国际组织等，这些组织中的告发者的行为所具有的公益性质自不待言；即便是私部门，如私有企业、合伙组织、个体商户等，这些组织中的告发者对雇主的非法、不道德或违反规则行为的告发也往往具有公益性质，比如，私有企业的雇员对雇主环境违法行为、不正当竞争行为、证券违法行为等的告发，显然是有益于社会大众、消费者或投资者（股东）的。其实，我们从以上诸位学者对告发的定义中也完全可以看出他们对告发行为的肯定和褒扬，由此，本书在以后的行文中在“告发”前冠以“公益”二字，这不但可以将不具有公益性质的告发行为从本书的研究中剔除，而且，在判断是否应对告发者提供法律保护时，是否有益于“公益”也是一个极具价值的考量因素。

四、公益告发的内涵——何为一个合格的公益告发行为

（一）告发者须为组织的“内部人”

在美国的公益告发立法中，基本上都将告发行为人限定为组织

的“内部人”(insider)。告发者向有职权纠正错误的个人或者其他机构披露组织的不法情事时必须是组织的成员(现在的或者曾经的),这已是一个被广泛接受的共识。[①] 美国学者认为,就告发来说,在披露组织的不法行为时,披露者是组织的成员是十分关键的,因为组织的成员与外部人相比,有着许多外部人并不具备的优越条件。首先,组织的“内部人”身处组织中,他们大多是组织行为的执行者,他们比外部人更容易发现组织的违法行为。其次,组织的“内部人”拥有相应的专业知识,比起外部人,他们能够更容易地判断组织的行为是否已经构成违法。最后,组织的“内部人”有收集组织违法证据的便利条件,这样的条件使得告发更加容易成功。当然,当错误做法已经被纠正或者已经向公众披露时,最初的告发者是否还是组织的成员,这个在所不问。[②] 在司法实践中,“内部人”的标准已经被拓宽,只要有条件获得组织违法信息的主体一般都会被认定为符合美国关于“告发者”的定义,从而赋予相应的权利或获得来自法律的保护,如组织的承包商、已经从组织离职的雇员,甚至组织的律师都可以被认定为合格的告发者。

从各国的立法实践来看,各国的成文法均将告发者定义为组织的“内部人”或者具有“内部人”便利条件的其他人。如英国《公益披露法》第43A条规定:“本法所称一个‘受保护的披露’指一个由劳动者依据第43C节至第43H节而作出的‘合格的披露’(由第43B节定义)。”该法将告发者限定为“劳动者”,显属组织的“内部人”。

① Marcia P. Miceli & Janet P. Near, *Blowing the Whistle*, Lexington Books, 1992, p. 16 – 17.

② Marcia P. Miceli & Janet P. Near, *Blowing the Whistle*, Lexington Books, 1992, p. 17.

日本《公益告发者保护法》第2条规定:"本法所称'公益告发'指的是一个劳动者或工场中执行经营者商业行为的公务员、雇员、代理人,不为获取非法利益、致害他人或其他非法目的,将经营者(包括如下经营者:法人、其他组织或经营商业的个人)已经发生、正在发生或将要发生的事实告发……"该法将告发者的范围扩大到劳动者和工场中的公务员、雇员及代理人,也属于组织"内部人"的范围。韩国《公益告发者保护法》第6条第1款规定:"任何人对已经发生或可能发生的公益损害行为都可以向以下人员或机关进行举报。"从该条来看,该法采取的似乎是"任何人"的标准,而非常用的"内部人"的标准,实际上不然,从该法第6条第6款对"不利措施"①的解释来看,因该法规定的"不利措施"都是组织可能对劳动者或承包商等采取的不利对待,如罢免、解聘、解雇、惩戒、停职、减薪、降级、限制升级、终止货物合同或服务合同等。由此观之,该法对于告发者的定义仍限定为组织"内部人"或具有"内部人"便利条件的其他人(如承包商、供应商等)。

---

① 该款规定,"不利措施"是指以下各条目中所指行为:(1)包括罢免、解聘、解雇等在内的所有丢失职位的不利措施;(2)包括惩戒、停职、减薪、降级、限制升级等在内的所有不当的人事处置措施;(3)包括转任、调任、不安排工作、职位再配置等在内的所有违反本人意愿的人事措施;(4)在绩效评价和同事评价中受到歧视,以及由此带来的工资或奖金支付的差别待遇;(5)教育、培训等自我发展机会的丧失,预算、人力等可用资源的限制或清除,安全信息或秘密情报使用的终止,经营资格的取消,除此之外,对工作环境有不利影响的歧视待遇或措施;(6)被列入公司特别注意对象名单、公开此名单、受到公司排挤,遭到暴行辱骂等在精神上、肉体上造成伤害的行为;(7)对工作进行不当的审计调查或调查结果的公开;(8)包括取消行政许可等在内的所有行政上的不利行为;(9)包括终止货物合同或服务合同等所有经济上的不利措施。

（二）须向能够对组织错误行为采取行动的个人（或机构）告发

告发的最终目的在于纠正组织的违法行为，使组织行为重回正轨，避免其对公众造成更大的伤害；如果一个告发行动的目的不在于阻止或避免组织的违法行为，那么，此种类型的告发就不是一个合格的告发行为。告发者之所以要告发，就是因为他没有能力阻止或防止组织的违法行为的发生，或者对已经发生的组织违法行为无能为力，无法阻止组织行为对组织或大众的损害，如果组织的违法行为无法被纠正，告发者的告发也会显得没有意义。因此，向“能够对组织违法行为采取行动的个人或机构”进行告发就显得十分必要。如果不向符合条件的“个人或机构”进行告发，就不是合格的告发。本书之所以将告发人诉讼也列为公益告发的一个渠道，就是因为法院的背后是国家强制力，可以对组织的违法行为进行确认，并判以法律责任，在法院提起诉讼，其实也是向能够对组织不法行为采取行动的机构进行告发的一种形式。

对照这个标准，就可以将告发者轻易地从各种类似于告发者的人群中区别开来，如“说闲话者”“传谣者”，以下这些情形均不应视为合格的告发行为：其一，如果一个组织的成员对组织的违法行为视而不见，也不进行任何披露行为；其二，如果一个组织的成员在发现组织的违法行为后只是和同事谈及，但并不向那些可能纠正组织违法行为的个人或组织寻求帮助；其三，如果一个组织的成员在发现组织违法行为之后，他没有向有职权纠正组织行为的个人或机构寻求帮助，而是直接要求违法行为人停止其行为；其四，如果一个组织的成员在发现组织的违法行为之后，他没有选择告发，而是选择从他所服务的组织退出。[①] 以上几种情形,都不能称为一个合格的告发行为,因为不举发(non-reporting)或者向观察者的家人、朋友、同事报告并不能纠正不法情事,通过这些渠道,有权控制不法情事的个人或组织都无法采取行动。

（三）告发的事项一定是组织控制下的行为

组织内部可能会有多种类型的违法行为,比如,组织成员个人的违法犯罪行为或组织成员执行组织事务时的违法犯罪行为,并不是对组织内部任何违法或犯罪行为的披露都会成为一个合格的"公益告发"。如果告发者的目标是组织中的个人,那就一定要注意公益告发定义中的"组织控制下的"这个定语,告发的事项必须是"组织控制下的"违法行为,如此方可构成一个合格的告发。比如,一个员工偷了另一个员工的东西,发现这个情况的员工向企业管理者进行告发,这种告发显然不是合格的告发行为,因为它并非"组织控制下的"行为,而是员工的私人行为。简言之,"组织控制下的"行为指的就是职务行为,即代表组织所进行的行为,只有对职务行为进行告发,才可能构成合格的告发。

（四）告发的主题关涉公共利益

所谓告发的主题,即告发者对哪些事项的告发可以受到法律的保护。Near 和 Miceli 在"告发"的定义中将告发的主题分为三类,即非法、违反道德或违反规则的行为。这是一个外延广泛的定义,他们这样对"告发"进行定义,是希望尽可能地将可供告发的组织错误行为都囊括进来,为更大范围的告发者提供法律保护。本书将他们

---

① Yu-HaoYeh, *The Effectiveness of the Whistleblower Protection Under The Sarbanes-Oxley Section* 806 *In Corporate Governance*, University of Kansas, 2011, p. 48.

二人定义中的“非法、违反道德或违反规则的行为”进一步归纳为“损害公共利益的行为”，这是因为综观各国公益告发立法，被告发的主题基本上都是关涉公共利益，立法的宗旨也在于希望组织内部人将组织错误行为向相关主体进行披露，避免组织错误行为给公共利益带来损害。

各国公益告发立法都有对被告发的对象事实的规定，对于组织错误行为的严重程度要求不一，有些要求很高，比如，日本《公益告发者保护法》即要求只能对可能构成犯罪的组织错误行为进行告发；有些则要求很低，对于组织较为轻微的错误行为都可以进行告发。无论程度的轻重，有一点是相同的：可以告发的组织错误行为都不是影响某一个人的利益，而是关系到公共利益。具体而言，各国公益告发立法中被告发的主题一般包括：犯罪行为、危及公共安全的行为、损害生态环境的行为、损害消费者利益的行为、损害公平竞争的行为、危及公共健康的行为、贪污腐败行为、损害国家利益的行为等。这些组织行为有一个共同的特点：不会对单个个体的利益造成损害，而是会影响不特定的多个主体的利益，防止组织行为损害社会公共利益，这其实就是公益告发制度的宗旨所在。（见表1－1）

表 1-1　各国公益告发立法对被告发的主题的规定

国别	法律名称	告发主题
英国	公益披露法	(1)犯罪; (2)违反法定义务; (3)司法不公; (4)危及公共健康或安全; (5)危及环境; (6)蓄意隐藏上述不法情事①
日本	公益告发者保护法	违反:(1)与个人生命或身体保护相关的刑事法规,以及属于组织犯罪的处罚或对于犯罪收益规制的法令; (2)与商品或安全相关之食品卫生法、药事法、消费生活用制品安全法、建筑基准法等; (3)与危险物的安全确保相关之消防法、火药类取缔法、农药取缔法等; (4)与劳工特定属性相关的个人生命、身体保护之劳工安全卫生法、尘肺法、灾害对策基本法等; (5)与消费者利益保护相关的金融业商品交易法、银行法、住宅地建筑交易法等; (6)与环境保全相关之大气污染防止法; (7)与市场公平竞争相关之公平交易法(禁止私人垄断及确保公正交易法)、转包价款支付延迟防止法等; (8)其他与国民的生命、身体、财产有关之个人资讯保护法、劳动基准法、工会法、厚生年金保险法、专利法等②

① 参见关中:《行政伦理的重要议题——从保护弊端揭发人谈起》,载高雄大学政治法律学系:《公益揭发:职场伦理新趋势》,巨流图书股份有限公司 2010 年版,第 5 页。

② 参见简玉聪:《论企业内部告发(揭弊)之劳工保护——以日本〈公益通报者保护法〉为中心》,载高雄大学政治法律学系:《公益揭发:职场伦理新趋势》,巨流图书股份有限公司 2010 年版,第 123 页。

续表

国别	法律名称	告发主题
新西兰	披露保护法	(1)非法、贪污、违规运用公共经费或资源; (2)对公共健康、安全或环境构成严重风险的作为、不作用、或行为做法(course of conduct); (3)对法律维护(包括犯罪行为的预防、调查、侦查及公平审判)构成严重风险的作为、不作为、或行为做法; (4)构成犯罪的作为、不作为或行为做法; (5)公部门组织员工(公务员)滥权(oppressive)、不当歧视、严重过失或严重管理不当的作为、不作为、或行为做法;亦溯及该法立法前所发生的情事①
澳大利亚	维多利亚州《告发者保护法》	不当行为包括: (1)贪腐行为;② (2)公共资源的重大管理不当; (3)对公共健康或安全产生重大风险的行为; (4)对环境造成重大风险的行为; (5)犯罪; (6)合理基础可构成公务员免职、去职或其他撤职行为。 不利益作为(detrimental action)指: (1)造成伤害、损失或损害的作为; (2)威胁或骚扰; (3)在雇佣、职业、专业、交易或商业上为歧视、不利对待,包括纪律处分③

① Protected Disclosures Act 2000,S. 3.

② 贪腐行为(corrupt conduct)包括:(1)会对公务员或公部门职能之诚实执行直接或间接造成或可能造成不利影响之人员(无论该人是否为公务员)的行为;(2)公务员之不诚实或不公正的行为;(3)现行、离职公务员或公共组织之违反公共依赖的行为;(4)现行、离职公务员或公部门组织滥用职务上资讯或物质的行为;(5)图谋或意图从事上列各款行为之行为,见 Whistleblowers Protection Act 2001(Vic),S. 5. 3(1)。

③ Whistleblowers Protection Act 2001(Vic),S. 3(1).

第二节　公益告发立法概况

如果从美国人告发诉讼制度[①]的诞生时起算，公益告发制度已经有150年的历史，但完整意义上的公益告发制度出现的时间不过40余年。这40余年来，公益告发的立法经历了3次浪潮：[②]公益告发的第一次立法浪潮发生于美国，始于20世纪70年代初，终于20世纪80年代末。这一时期又可以分成两个阶段：第一个阶段是20世纪70年代，这10年是公益告发立法开始出现的时期，如被视为美国告发制度源头的《文官改革法案》即于这一时期颁布。第二个阶段是20世纪80年代，这10年是美国各州公益告发立法相继颁布生效的时期。公益立法的第二次浪潮发生于1993～1995年，这两年间，澳大利亚4个州（或领地）的公益告发立法相继生效，它们是南澳大利亚州、首都领地（ACT）、昆士兰州及新南威尔士州。新西兰、澳大利亚联邦层面、英国和南非也开始讨论公益告发立法问题。公益告发立法的第三次浪潮发生于世纪之交。1999年，英国的《公益披露法》开始生效，南非的《披露保护法》开始生效，新西兰的《披露保护法》也于同年生效，澳大利亚的其他几个州[③]也颁布了它们的公

---

① 即于1863年颁布的《虚假请求法》中确立的Qui Tam Action，也被称为告发诉讼（whistle-blowing litigation）。

② Wim Vandekerckhove, *Whistleblowing and Organizational Social Responsibility: A Global Assessment*, Ashgate Publishing, Ltd., 2006, p. 314.

③ 颁布的时间分别是：维多利亚州2001年，塔斯马尼亚州2002年，西澳大利亚州2003年。

益告发法律。此外,荷兰首都阿姆斯特丹于 2001 年制定告发制度,荷兰(国家层面)、比利时、德国、瑞士、日本、印度以及经济合作与发展组织(Organization for Economic Co-operation and Development, OECD,以下简称经合组织)层面的告发制度都有了新的发展。在这 3 次浪潮之后,韩国于 2011 年 3 月也颁布了《公益告发者保护法》,成为亚洲地区拥有公益告发专门立法的少数几个国家之一。由于建立公益告发制度的国家较多,无法逐一介绍,以下只介绍几个有代表性的国家的公益告发立法情况。

一、美国公益告发立法概况

美国无疑是公益告发立法最早的国家。无论是联邦层面,还是州层面;无论是制定法体系,还是普通法体系,都可以为告发提供法律上的支持资源。

从联邦层面来看,最早的当属于 1863 年颁布的《虚假请求法》(False Claims Act)中确立的奎太诉讼制度(Qui Tam Action)。[①] 因为提起奎太诉讼的原告都是告发者,故奎太诉讼常常被直接称为告发人诉讼(whistleblowing litigation)。美国告发人诉讼制度的最初目的在于惩罚内战中利用战争谋利的奸商,给告发人以物质激励,鼓励他们代表政府提起诉讼。该法案规定,私人可以代表政府起诉这

---

① “奎太诉讼”源自拉丁句子“*qui tam pro domino rege quam, pro se ipso in hac parte sequitur*”,这个句子的意思是“为了国王,公民可以自己的名义提起诉讼”。“*qui tam*”的法源甚至可以追溯到古罗马时期。当时的公民个人,被称为“*delator*”,类似于现代的“relator”,他们可以获得被宣判有罪的被告的财产的一部分作为奖赏,因为“罗马的刑法是由私人来执行的”。参见 J. Randy Beck, *The False Claims Act and the English Eradication of Qui Tam Legislation*, North Carolina Law Review, 2000, 78(3): 539 – 642。

些军队供应商的欺诈和虚假请求行为，并可以获得诉讼取得的罚金的50%的奖励。这个法案允许告发者(relator)复印刑事指控书，然后出面起诉，如果他们能够自己侦查获取这些虚假请求行为或者为起诉提供有价值的信息，他们就将获得一定数量的奖励。[①] 此后，《虚假请求法》经历了两次大的修订：第一次修订是在1943年，这次修订规定：如果政府事先知道虚假请求或者欺诈的存在，告发者就不能再根据这个法律提起奎太诉讼了。这次修订之后，根据这个法律提起奎太诉讼的数量大量减少。直到1986年《虚假请求法》进行第二次修订，这种情况才得到改观。连法院也认为，通过这个法案，政府获得了另一种管理形式，它“通过一大批特别代理人来发现并起诉针对政府的欺诈行为”。[②] 这次修订，也被誉为美国奎太条款的“重生”。告发人诉讼在美国的法律体系中发挥了越来越重要的作用，它无疑是最受美国告发者欢迎的一种诉讼手段。

美国对告发者的保护制度开始于Callahan和Dworkin所谓的“附属法令”(Adjunct Statutes)。[③] 这些法令在规范特定法律关系的同时，附带为告发者提供了法律保护。最早的对于告发者免于报复的“附属保护”出自《铁路劳工法》(Railway Labor Act of 1926)和《国家劳工关系法》(National Labor Relations Act of 1935)，这两部法律可以保护员工免于因为参加工会组织的活动而被解雇。《国家劳

---

① United States ex rel. Marcus v. Hess，317 U. S. 537(1943).

② Jonathan T. Brollier，*Mutiny of the Bounty：A Moderate Change in the Incentive Structure of Qui Tam Actions Brought Under the False Claims Act*，Ohio State Law Journal，2006，67：693－719.

③ Callahan E. S. & Dworkin T. M.，*The State of State Whistleblower Protection*，American Business Law Journal，2000，38(1)：99－175.

工关系法》还将这种保护延及为不正当雇佣行为申请赔偿时的作证。当然,在那个时候,这种信息披露行为并没有被特别区别开来,也没有被冠以"告发"的名义。美国国会通过的大量法案都为这种告发者的信息披露行为提供法律保护,只要被告发的行为违反了特定法律的规定或者告发者属于受法律保护的劳动者群体,告发者就可以获得来自法律的保护。[①] 在联邦层面,还有大量的法律在公益告发制度中采取了这样一种模式。[②]

20 世纪 70 年代末期,联邦层面开始了对公益告发的特别立法,即《文官改革法案》(Civil Service Reform Act of 1978),为联邦雇员提供告发保护。80 年代初期,各州立法开始出现,至 80 年代后期,因《文官改革法案》不能为告发者提供足够的法律保护,新的联邦公

---

① 比如,《有毒物质控制法》(Toxic Substances Control Act)、《就业年龄歧视法》(Age Discrimination in Employment Act)、《职业安全与健康法》(Occupational Safety and Health Act)、《工作培训与合伙法》(Job Training and Partnership Act)、《移民与农业季节性工人保护法》(Migrant and Seasonal Agricultural Workers Protection Act)、《联邦地表采矿法》(Federal Surface Mining Act)、《水污染防治法》(Water Pollution Control Act)、《安全饮水法》(Safe Drinking Water Act)、《民权法案》的第 7 章(Title Ⅶ of the Civil Rights Act of 1964)、《能源重组法》(Energy Reorganization Act)、《固体废物处置法》(Solid Waste Disposal Act, Clean Air Act)、《综合环境反应、补偿及责任法》(Comprehensive Environmental Response, Compensation and Liability Act)、《地面运输法》(Surface Transportation Act)等。

② 如《清洁空气法》(Clean Air Act)、《商业机动车安全法》(Commercial Motor Vehicle Safety Act)、《国防部授权法》(Department of Defense Authorization Act of 1987)、《多德－弗兰克华尔街改革和消费者保护法》(Dodd-Frank Wall Street Reform and Consumer Protection Act, 以下简称《多德－弗兰克法案》)、《公平劳动标准法》(Fair Labor Standards Act of 1938)、《FDA 食品安全现代化法案》(FDA Food Safety Modernization Act)、《联邦矿山安全与健康法》(Federal Mine Safety and Health Act)、《码头、港口工人补偿法》(Longshore and Harbor Workers' Compensation Act)、《萨班斯－奥克斯利法案》(Sarbanes-Oxley Act of 2002)。

益告发立法《告发者保护法》(Whistleblower Protection Act)获得通过。[①] 进入21世纪以后,美国通过的最著名的公益告发立法当数《上市公司会计改革和投资者保护法》(Public Company Accounting Reform And Investor Protection Act)。[②] 该法由布什总统签署,也被称为《萨班斯-奥克斯利法案》(Sarbanes-Oxley Act),这是一个具有开创意义的立法,它将告发者保护置入《证券交易法》(Securities Exchange Act of 1934)之中,它赋予告发公司欺诈行为的上市公司雇员民事救济的权利——以往这种权利仅限私部门组织的雇员可以享有,告发的事项也仅限于健康或者公共安全。《萨班斯-奥克斯

---

① 在吉米·卡特(Jimmy Carter)于1977年成为美国总统之后,国会重新获得对"水门事件"及尼克松总统辞职的处理权力。这个丑闻使得文官制度改革成为首要的执政任务,美国参议院特地成立了一个为此次改革作准备的政府事务委员会。1978年,这个委员会的报告得以通过。这个报告声明国会鼓励告发,当然这个表述太过限制,不能为告发者提供足够的法律保护。但是,这个报告对告发的重要性进行了充分说明,它认为告发在两个国会行动的关键领域发挥了非常重要的作用:(1)告发可以帮助国会消除欺诈、浪费及管理不善;(2)告发是官员们积极承担起责任的另一措施。这两者都有赖于告发者披露的信息。因此,国会采取了一系列的改革措施,成立了监察总长办公室,该办公室有一个重要的功能就是为告发者的信息披露提供渠道。此外,美国审计总署也开通了为联邦雇员告发而设的热线电话。当然,对于告发者的保护也是《文官改革法案》(Civil Service Reform Act of 1978)的重要内容。这个法案建立了三个机构:人事管理办公室(The Office of Personnel Management, OPM)、考绩制度保护委员会(The Merit Systems Protection Board, MSPB)和特别顾问办公室(The Office of Speical Counsel, OSC)。OCS即为保护和帮助告发者所设立。只是此后,OSC却饱受批评,认为其在保护和帮助告发者上做得很不够,拒绝了绝大部分的告发者案件。换句话说,它根本不起作用。因此,美国国会又于1989年通过了《告发者保护法》(Whistleblower Protection Act),意在促进OSC的有效性以及增加对联邦告发者的法律保护。See Parker R. A., *Whistleblowing Legislation in the United States: A Preliminary Appraisal*, *Parliamentary Affairs*, 41:1, 1988, 149-58.

② Wim Vandekerckhove, *Whistleblowing and Organizational Social Responsibility: A Global Assessment*, Ashgate Publishing, Ltd., 2006, p. 165.

利法案》突破了“概念障碍”，将可以告发者的范围拓宽到公部门组织的雇员，同时也将保护扩展到当代公众关注的“欺诈”行为上。此外，这个法案鼓励企业建立内部告发渠道，从而有效地改变了企业内部告发机制。除该法之外，《多德－弗兰克法案》也是著名的公益告发法案，与《萨班斯－奥克斯利法案》不同的是，该法给予告发者高额奖励，鼓励告发者向证券交易委员会提供企业的证券违法信息，它鼓励的是外部告发。

除联邦层面以外，州层面也颁布了大量的告发者法案。正如美国大法官布兰代斯的深刻洞见，“对联邦系统来说，有一件快乐的事情，那就是如果公民意愿，一个有勇气的州就可以承担实验者的角色”。[①] 20 世纪 70 年代末至 80 年代初，为了回应全国范围的企业丑闻，不少州开始加速告发立法，他们希望为员工告发企业违法行为扫除障碍，并促使企业行为严格合规。早在 1993 年，大约有 35 个州有告发法案，并且可以告发的范围并不仅限于某个行业或者某个单行法律，至少 15 个州保护私部门的员工。[②] 虽然这些法案事实上都给予单个员工提起民事诉讼的理由，但是这些法案在细节上差别很大。然后，为告发者提供保护的范围和程序体现为面对相同问题时

---

① New State Ice Co. v. Liebmann, 285 U. S. 262, 386 – 87(1932).

② See Lois A. Lofgren, *Whistleblower Protection: Should Legislatures and the Courts Provide a Shelter to Public and Private Sector Employees Who Disclose the Wrongdoing of Employers?*, South Dakota Law Review, 1993, 38: 329.

的不同地方的立法尝试。[①] 除此之外，当前，美国 27 个州、哥伦比亚特区以及芝加哥和纽约，都拥有自己版本的《虚假请求法》。[②] 它们当中的大多数都是伴随联邦立法产生的，并可以使州政府得到额外的 10% 的联邦医疗保健的欺诈赔偿。[③] 相对于联邦《虚假请求法》来说，每个州的版本都各不相同，但是，这些不同处其实体现了联邦《虚假请求法》的积极改进之处。

二、澳大利亚公益告发立法概况

澳大利亚像美国一样，也是一个联邦制国家，包括 6 个州和 2 个领地。澳大利亚公益告发立法的特点是：联邦层面十分薄弱，而州

---

① 例如，蒙大拿州的告发立法系由《蒙大拿州不当解雇法》(Montana Wrongful Discharge From Employment Act)转化而来，缅因州的告发保护法(Me. Rev. Stat. Ann. tit. 26, § 832.)于 1983 年通过，该法明确表示其对内部告发的强烈要求，只有当告发者将组织的不法情事向组织内的主管告发时，告发者才可能获得法律的保护，而且给予雇主一定的时间纠正错误。加利福尼亚州(Cal. Lab. Code § 1102. 5)和纽约州(N. Y. Lab. Law § 740.)于 1984 年通过告发者保护法规，新泽西州则于 1986 年通过(N. J. Stat. Ann. § 34:19 - 1 to 19 - 8)。同密歇根州的告发立法类似，加利福尼亚州的告发者法规只保护对州或联邦法律以及政府或法律执行机构的规章的违反的披露。纽约州和新泽西州则沿袭了缅因州的做法，要求告发者必须先进行内部告发，但新泽西州与纽约州及缅因州的法规不同之处在于，其要求必须以书面形式内部告发。此外，纽约州对告发主题的要求比另外两州要高，它要求对法律的违反必须对公众健康和安全带来巨大和明确的危险时，方可进行告发。See Wim Vandekerckhove, *Whistleblowing and Organizational Social Responsibility: A Global Assessment*, Ashgate Publishing, Ltd. ,2006:169.

② 这些州包括 California, Colorado Connecticut, Delaware, Florida, Georgia, Hawaii, Illinois, Indiana, Louisiana, Maryland, Massachusetts, Michigan, Minnesota, Montana, Nevada, New Hampshire, New Jersey, New Mexico, New York, North Carolina, Oklahoma, Rhode Island, Tennessee, Texas, Virginia, and Wisconsin; 当然，其中一些州仅支持医疗领域的告发人诉讼制度。

③ 42 U. S. C. § 1396h(a)(2006).

和领地层面特别发达。从联邦层面来看，澳大利亚并没有公益告发的专门立法，可供援引的法条资源也很少：在公部门部分，仅有1999年颁布的《公职法》（Public Service Act）第16条[①]一个条款；在私部门部分，仅有2004年7月施行的《企业法》（Corporate Act）的9.4第AAA部分[②]（"告发者保护"部分）和2004年颁行的《职场关系修正法》［Workplace Relations Amendment（Codifying Contempt Offences）Act 2004］，纳入1996年《职场关系法》第4A部分，即"告发者保护"的规定。[③] 其实，早在20世纪80年代末，澳大利亚联邦就成立了专门的委员会对公益告发进行立法的讨论，2007年还发布了关于公益告发的议案，即《公益披露议案2007》（Public Interest Disclosure Bill 2007），旨在规定独立且严谨的处理公益告发的程序及保护公益告发者的架构。2007年，陆克文执政之后，为推动立法做了许多准备工作，甚至制定了2011年开始颁布施行的时间表，但是后来陆克文

---

① 该条规定，在政府机关或为政府机关执行职能的公务员，不能因为公务员向公职局长（Public Service Commissioner）、功绩保护长（或专员）（Merit protection Commissioner）、机关首长或其指定人员告违反公职行为规范（Code of Conduct）之事，而被牺牲，或被歧视。

② 该部分规定，公司主管、员工、供应商或其员工基于合理的根据、善意并具名将公司或其主管、员工违反或可能违反企业法令规定之情事，向证券暨投资委员会（Australian Securities And Investments Commission）、公司的审计员或审计小组成员、主管、资讯管理人员，或授权人员揭发，不负民刑事责任，亦不能以违反契约而予终止雇用，或被牺牲。雇主欲据以终止启用契约，法院得命其恢复原职或相当职位；为报复者，要负责损害赔偿责任；另外，受理揭发者对揭发者的身份以保密。

③ 1996年《职场关系法》规定，依法为告发的组织成员，不负民刑事责任、不可以被牺牲，以及被牺牲者有求偿的权利。

于2010年6月辞职，对该议案的讨论被迫搁浅。[①]

在州层面，澳大利亚各州及领地对公益告发者的保护立法较早，也比较有特点。早在1993年，南澳大利亚州就颁布了《告发者保护法》，第二年，昆士兰州也颁布了它们的《告发者保护法》，1993年，新南威尔士州颁布了《披露保护法》。此后的2001～2003年，维多利亚州、塔斯马尼亚州、西澳大利亚州、北部地方也都相继颁布了《公益披露法》。目前只有北领地（Northern Territory）没有颁布公益告发方面的法律（见表1－2）。澳大利亚对于公益告发者的立法保护有一个显著的特点，那就是特别注重对公部门中的公益告发者的保护，特别是在告发的内容涉及公众健康、公共安全和环境问题时。但是这个局面正在逐渐发生改变，南澳大利亚州和昆士兰州这两个州的立法正在尝试将保护的范围扩大到私部门组织。在南澳大利亚州，任何人关于"非法行为"的告发都将受到保护，无论他是来自公共机构还是来自私营部门；在昆士兰州，任何人（包括私营部门的员工）都可以对危及环境、公众健康、人身安全或者残疾人安全的行为进行告发，这些告发行为将受到法律的平等保护。[②] 此外，澳大利亚对公益告发者的立法保护还有一个特点，那就是注重企业层面的保护，认为企业是保护告发者的最佳场所，比如，在西澳大利亚州的公益告发立法中就有这样的条款，它课以企业的首席执行官保护公

---

① 参见程挽华、杨戊龙：《英国、纽西兰、澳洲（维多利亚省）揭弊保护立法比较》，载高雄大学政治法律学系：《公益揭发：职场伦理新趋势》，巨流图书股份有限公司2010年版，第141页。

② Peter Roberts & A. J. Brown, *The Australian Legislative Experience*, in A Global Approach to Public Interest Disclosure: What can We Learn from Existing Whistleblowing Legislation and Research?, Eward Elgar Publishing, Inc., 2010.

益告发者的直接义务——"为每一个进行了适当的公益披露行为的员工提供保护,使其免受损害或者威胁。"①

表 1-2 澳大利亚公益告发法律及法案(以时间为序)②

序号	法律/法案	时间	立法地区
1	告发者保护法	1993	南澳大利亚州
2	告发者保护法	1994	昆士兰州
3	披露保护法	1994	新南威尔士州
4	公益披露法	1994	首都领地(1)
5	公共服务法,第16章"告发者保护"	1999	澳大利亚联邦(1)
6	公益披露法	2001~2002	澳大利亚联邦(2)
7	告发者保护法	2001	维多利亚州
8	公益披露法	2002	塔斯马尼亚州
9	公益披露法	2003	西澳大利亚州
10	公益披露法	2005	北部地方
11	公益披露法	2006	首都领地(2)

三、英国公益告发立法概况

告发人诉讼曾经在英国盛行过很长一段时间,但后来被废止。英格兰自中世纪开始就使用"奎太条款"(Qui Tam Action)来执行各类法规,并且一直持续到20世纪。中世纪以后的数百年中,因为贪婪而专业的告发者常常与他们告发的对象秘密达成庭外和解协议,

① Public Interest Disclosure Act 2003(WA) S. 23(1)(b).

② A. J. Brown, *Public Interest Disclosure Legislation in Australia: Towards the Next Generation*, Commonwealth Ombudsman, 2006:1.

奎太条款成为专业的告发者谋财的工具，而组织内部的违法行为却并没有因为告发者的行动而受到遏制，反对利用奎太条款来鼓励告发者的声音渐渐多了起来，因此，1951 年，英国国会全面禁止了奎太条款的使用。

除告发人诉讼之外，对英国告发者的专门立法应从 1990 年说起，在这一年，英国社会审计杂志发布了一个报告，名为《照看好你的生意：英国公司中的自我控制和告发》，①该报告指出告发是企业自我调整的关键组成部分。这个报告发表两年后，一个名为 PCAW（Public Concern At Work）的独立资源中心的公益机构成立。这个机构的成员多是众议院及国会的议员，机构定位于法律建议中心和游说集团，并成立了"帮助专线"为告发者提供服务，撰写关于告发的论文和报告。从其成立到 1999 年短短的 6 年中，该中心帮助了众多的告发者，为他们处理的案件多达 1500 件。1995 年，该中心应一个国会议员（Tony Wright）的要求，起草了《告发者保护议案》，此后，在咨询了企业、工会、消费者团体、商会及监管机构之后，这个议案又进行了修改，此即英国《公益披露法》的前身。当然，PCAW 的成立、运作及《告发者保护议案》的产生有其特殊的时代背景，在这一时期，英国发生了一系列重大的公共安全事故及公部门、企业舞弊案，社会各界对于将公益告发纳入法律规范的呼声也日益高涨。在这样的背景之下，1997 年国会通过了这个议案，于 1998 年 7 月生效，这就是英国现在施行的《公益披露法》（Public Interest Disclosure Act）。同时，为了配合该法的施行，英国对《就业权利法案》

---

① Winfield M. ,*Minding Your Own Business. Self-regulation and Whistleblowing in British Companies*,Social Audit,1990.

(Employment Rights Act)进行了增补,加入了43A至43L部分。这两个法案相互配合,可以对善意的告发者提供法律保护,其前提是员工具有"善意"和"合理相信",告发者若因告发而遭受权益损害,可以向劳工法庭提起诉讼作为救济手段。与美国立法不同的是,如果牵涉员工的个人利益,该员工的告发将得不到法律的保护。

《公益披露法》有三个值得肯定的方面:第一,只要是受法律保护的告发,告发的员工可不再受其与企业签订的保密条款或者其他剥夺员工告发权的协议的约束;这就意味着,对于一个受法律保护的提起告发的员工来说,他的老板已经不能利用传统的方法,比如提起违反合同之诉,来对付他。一个"受保护"或者"合格的披露"指的是企业员工秉持"合理相信"而披露的任何信息,这些信息可能涉及刑事犯罪或对法律义务的违反,可能涉及危及健康和安全的行为,破坏环境的行为,当然,也包括对任何试图掩盖上述行为的披露。如果企业员工并非秉持"合理相信"而进行披露,他将不受法律的保护。第二,该法保护来自英国本土之外的披露。这对一些跨国企业、需要全球用工的企业或者总部不在英国本土的企业来说,都具有非常重要的意义。第三,该法能够充分保障提起告发的员工的利益不受损害,这也是该法的宗旨所在。如果员工因为告发而受到利益损害,其所有的民事损失都将得到该法的支持。这与通常的《劳动法》的做法不同,《劳动法》所允许的损害赔偿是有上限的。[①] 除此之外,英国的《公益披露法》还有一个与别国的公益告发立法不同的地方,即它同时覆盖了公部门和私部门的告发者,不像其他国

① Estelle Feldman, *Protection for Whistleblowers*, 9th International Anti-Corruption Conference(IACC),10 – 15 October,1999,Durban,South Africa.

家那样，一般对公部门和私部门的告发者分别立法。

四、日本公益告发立法概况

日本的企业文化比较独特，员工对企业的忠诚度特别高，在过去，这些员工往往对在企业中发生的不法行为采取容忍的态度，不会选择将其公之于众。但是在进入21世纪之后，日本的企业文化逐渐地发生了一些变化，告发的文化慢慢地在这里生根发芽。2000年以后，发生于日本企业内的舞弊案比较多，其中有几件影响很大的企业舞弊事件正是由于企业内部员工或者与企业有业务往来的人的告发才得以让世人知晓。比如，2000年发生的三菱公司的企业召回事件，正是因为三菱公司员工的告发，才迫使三菱公司召回了200万台有质量问题的汽车。类似事件的频繁发生，使人们得以发现公益告发者的重要作用，但是在这个时期，日本关于公益告发的法律极少，可以适用的只有《劳动基准法》第104条、《劳动安全法》第97条、《家内劳动法》第32条、《派遣法》第49条之3、《工资支付确保法》第14条等屈指可数的几个法条，与公益告发的相关的尚有《刑事诉讼法》中有关于公务员的告发义务的规定，《儿童虐待防止法》第5条的通告义务的规定等。[①] 这些法律条款显然不足以为告发者提供足够的法律保护。

在这样的社会背景之下，2004年3月，日本出台了《公益披露议案》，2004年6月，该议案得以通过，并定于2006年4月1日开始施

---

① 参见简玉聪：《论企业内部告发（揭弊）之劳工保护——以日本〈公益通报者保护法〉为中心》，载高雄大学政治法律学系：《公益揭发：职场伦理新趋势》，巨流图书股份有限公司2010年版。

行,这就是日本现行的《告发者保护法》(Law No. 122 of 2004)。该法的立法设计受英国《公益披露法》的影响较大,当然,也充分考虑了日本自身社会的企业文化与劳资关系。日本《告发者保护法》共有11个条款,第1条规定的是该法的立法宗旨,规定"本法的立法目的在于为公益告发者提供法律保护,使因其告发或经营者和行政机关因其告发而采取措施而导致的解雇归于无效,提升有关生命、身体、财产及其他公民权益保护的法律法规的遵从,从而为公民整体福祉的稳定和社会经济的健康运行作出贡献。"第2条对相关概念进行了定义,如"公益告发"、"告发者"、"告发的对象事实"及"行政机关"等;第3~5条规定了"公益告发"的保护措施及保护要件,保护措施包括第3条规定的"解雇无效"、第4条规定的"劳务派遣协议解除的无效"、第5条规定的"不利对待禁止";第6条规定了《告发者保护法》与其他法律的适用与竞合;第7条规定国家机关如何适用该法;第8条规定公益告发者的义务;第9条规定经营者在公益告发方面的义务;第10条和第11条规定行政机关在公益告发方面的义务。

五、新西兰公益告发立法概况

20世纪90年代澳大利亚的立法热潮也引发了新西兰对告发制度的讨论,1994年6月,众议院提出《告发者保护议案》,该议案同样使用了澳大利亚的术语"公共利益披露",将其定义为对公部门或私部门的非法、腐败或滥用公共基金和资源,或对公众健康、安全、环境及法律维护带来危险做法的告发行为。这是一个宽泛的定义,覆盖了公部门和私部门。然而,这个议案并没有通过。事实上,此后又用了长达6年的时间重写议案，以便新西兰确立告发制度。在这个过程中，告发接受者方面与原来的版本发生了很大的变化。2000年，《披露保护法》（Protected Disclosures Act）终于通过，并于2001年施行。[①] 该法的立法目的是希望经由此一立法促进组织严重违法行为的告发与调查，并保护依法定程序告发的员工，提升公共利益。

《披露保护法》于2009年经历了一次修订，将保护对象扩及组织治理机构（governing body）或委员会成员、志愿者及自愿提供严重不法情事信息给告发者或调查人员以让不法情事获得调查的组织及其员工；增订告发时如实质符合规定但发生技术性错误者，亦受保护；补充规定行政监察官（ombudsman）应提供的信息与指引，以及行政监察官有权取得组织内部受理告发程序的相关信息；增订行政监察官的审查、调查、接管案件的权力，以强化行政监察官的角色；增订协约或合同中，有关员工不得或放弃告发严重不法情事的规定无效。[②] 新西兰《披露保护法》规定，告发者应由内而外进行告发，即先循内部程序告发、向组织负责人或副负责人告发，再向"主管机关"告发，之后，才可以向部长或行政监察官（申诉专员）告发，四个层次，不可越级进行，也不能向媒体或国会议员告发。

① 参见程挽华、杨戊龙：《英国、纽西兰、澳洲（维多利亚省）揭弊保护立法比较》，载高雄大学政治法律学系：《公益揭发：职场伦理新趋势》，巨流图书股份有限公司2010年版，第139页。

② 参见程挽华、杨戊龙：《英国、纽西兰、澳洲（维多利亚省）揭弊保护立法比较》，载高雄大学政治法律学系：《公益揭发：职场伦理新趋势》，巨流图书股份有限公司2010年版，第140页。

六、韩国公益告发立法概况

韩国公益告发制度的历史相对较短,不过发展很快,目前已经对公益告发制定专法予以规范,在这亚洲地区来说实不多见。韩国公益告发制度肇端于反腐败,最初采取的也是附属立法的方式,将公益告发制度嵌入反腐败法案当中。2001 年 9 月,韩国制定了《反腐败法》,该法于 2002 年 1 月 25 日开始施行,这实乃韩国公益告发制度法制化的开端。[①] 2005 年和 2007 年此法进行了大幅的改善和修正,增加了让告发者免遭报复的一些措施,包括恢复行政许可或合同效力等使告发者免受经济上、行政上的不利利益以及不利措施的恢复原状等内容。这两次修订,使该法对于告发者的保护更趋完善。

2008 年 2 月 29 日,韩国制定了《反腐败和国民权益委员会的设立与运营法》,《反腐败法》被宣布废止,但是《反腐败法》中的公益告发制度被移植到《反腐败和国民权益委员会的设立与运营法》中,只是,此时韩国的公益告发制度只适用于公部门的职员,适用的范围较小。后因一系列的企业舞弊案的产生,引发了公众的广泛重视,韩国开始讨论是否应将对企业不法情事的告发纳入公益告发的保护的范围,于是韩国于 2008 年 12 月和 2009 年 9 月两次提出了《公益告发者保护法》的立法议案,2009 年 10 月 29 日韩国政府向国会提交公益举报者保护法政府议案,《公益告发者保护法》于 2011 年 3 月 29 日颁布,2011 年 9 月 30 日起开始施行,韩国的举报制度自

① 参见郭明明:《韩国公益举报制度研究——以公益举报者保护法为视角》,山东大学 2014 年硕士学位论文,第 11 页。

此开始成型。①

韩国《公益告发者保护法》同英国的立法模式一致，同时覆盖了公、私部门组织的公益告发问题，涵括了公益告发的核心制度，如告发奖励制度、激约制度和保护制度。该法共分为五章：第一章是总则部分，包括该法的立法宗旨、相关概念的定义、国家对公益告发的责任、国民权益委员会在公益告发方面的责任以及该法与其他法律的关系处理等；第二章主要规定公益告发的方法及处理，具体包括公益告发的接受机构、公职人员的告发义务、公益告发的方法、公益举报的确认和转交、公益举报的处理等内容；第三章是告发者保护制度部分，包括告发者记载信息的省略、对告发者的秘密保护义务、对告发者的人身保护、罪责减免、不利措施的禁止、人事变动的优先考虑、保护措施的申请、驳回、调查、决定和生效等、和解及协助制度等；第四章是公益告发的补偿金和求助金制度；第五章规定了对违反公益告发制度的处罚措施，包括刑事制裁。可以说，除了对告发渠道的设置及告发监察制度没有规定之外，韩国《公益告发者保护法》几乎具备了公益告发所有重要的制度，吸收了英、美、日、澳等国公益告发制度的精华，又兼顾了韩国的国情，是一部分十分成功的公益告发立法。

---

① 参见郭明明：《韩国公益举报制度研究——以公益举报者保护法为视角》，山东大学 2014 年硕士学位论文，第 12 页。

第二章　公益告发的制度价值

告发者在组织内的披露行为,可以促进信息在组织内的传递,消弭组织内部上下层级之间的信息不对称问题;如果告发者向组织外部披露信息,可以促成信息由组织内向组织外传递,可以消除组织内外信息不对称的问题。告发者的披露行为所带来的信息传递后果,具有多个方面的重要价值。

第一节　公益告发是一个重要的组织管理机制

一、传统组织管理机制存在的问题

我们先看私部门组织的管理问题。私部门组织的主要部分是企业,企业是一个连接股东、经理、雇员、客户、政府和社会大众的组织,由于企业对社会和经济发展的重要性,因此对企业行为的监控一直是市场经济的重要主题。监控的重点在于使企业经营行为处于法律允许的范围之内,不损害股东的利益或给社会大众带来损害。比如,企业的环境违法行为,它所给环境带来的损害必将损害社会大众的利益;再如,上市公司的财务腐败行为,必将损害广大股东的利益。由此可见对企业行为的监控的重要性。对公部门组织的行为的监控同样重要,公部门负责提供公共产品或者进行公共管理,致力于增进社会公益,如政府部门、立法机构、行政部门、公共企业、非营利组织等,这些机构对社会的正常运行至关重要,如果这些部门存在腐败、渎职、滥权等行为,对社会公益的伤害也是显而易见的。

组织的监控机制有许多不同的类型,总体来说,可以分为组织内部监控机制和组织外部监控机制两种。这两种机制在组织管理方面具有各自特定的作用。以企业为例,企业的内部监控机制包括董事会、监事会、审计委员会等。对于董事会来说,它的职责是监控高级管理者并防止损害股东和公司利益的欺诈行为发生,董事会代表股东并保证股东的利益;对上市公司来说更是如此,因为上市公司的股东是分散的和多样化的,这种特点使股东无法发挥监管企业管理的作用,[①]他们只能通过董事会代为行使管理职能;对于会计师来说,他们通过审查企业的财务文件检查企业的财务工作,比起普通人,会计师和审计师能够更容易地获得企业的机密材料,也能更快地发现企业的错误行为,[②]他们在监控企业运行并加强企业管理

① Joan MacLeod Heminway, *Enron's Tangled Web: Complex Relationships; Unanswered Questions*, University of Cincinnati Law Review, 2003, 71: 1167 - 1170.

② Reinier H. Kraakman, *Gatekeepers: The Anatomy of a Third-Party Enforcement Strategy*, J. L. Econ. & Org., 1996, 2: 53 - 54.

方面发挥着重要作用。企业外部的监控机制包括相关的政府职能部门,它们在各自的职责范围内对企业的行为行使监控职责。以政府的证券机构为例,政府的证券机构帮助股东监视企业是否履行了它们向公众披露必要和足够的信息的义务,如果企业违反证券或相关法律,就会对它们施以惩罚。运行良好的监控系统,可以使组织的行为不偏离正轨,不给他人或社会公众造成损害。

组织的监控机制貌似全面而强大,但是它们常常出现监控失败的风险,企业的丑闻和公共机构的贪腐屡见不鲜,主要的原因可能在于,无论是组织内部的监控机制还是组织外部的监控机制,都有一个共同的问题:他们都是"局外人",并非组织行为的真正行为人。"局外人"的身份可能是他们监控组织行为的障碍,而且"局外人"对这些监控机制获取准确信息并有效监管有着重要影响。[①] 这意味着监控机制必须依赖于企业管理层提供的信息来履行他们的监管职能。[②] "这种信息不对称弱化了管控机制的作用,也减少了他们作为企业监控机制的有效性,即使企业执行机构或下级管理者同意披露信息,有些时候,这些信息也是不足的,或者被管理者篡改或过滤。在这种情况下,因为信息的缺乏,传统的监控机制无法知道企业真实的财政状况。"[③]在最坏的情况下,企业的执行官有意地隐藏、阻止或误传信息,他们的目的显然在于阻碍监控机构的监控。在这种情

---

① Peter C. Kostant, *Breeding Better Watchdogs: Multidisciplinary Partnerships in Corporate legal Practice*, Minnesota Law Review, 2000, 84: 1213 – 1237.

② Lawrence E. Mitchell, *Structural Holes, CEOs, and Informational Monopolies*, Brook Law Review, 2005, 70: 1313 – 1349.

③ Yu-HaoYeh, *The Effectiveness of the Whistleblower Protection Under The Sarbanes-Oxley Section* 806 *In Corporate Governance*, Kansas: University of Kansas, 2011.

况下，公众无法获取准确的信息，除非是企业财务危机或者倒闭。这样的后果可能会造成社会问题并给社会带来损害。因此，无法获取足够的企业信息可能是传统的监控机制无法阻止企业丑闻发生的主要原因。[①] 不单单企业是这样的，公部门组织的问题也十分相似，公部门的监控机构的人员都并非具体事务的经办人，他们也是"局外人"，他们同样无法获取足够的来自"工作场所"的信息，他们也无法代表公众来监控公部门组织，使其始终为社会公众服务。这就是公部门组织常常"失控"的主要原因，无它，同企业的问题一样，传统的监控机制存在制度失灵的问题。

二、公益告发者的监管作用

传统的组织监控机构往往忽略了一个重要的人员——组织雇员（或成员），前已述及，组织雇员比起其他监控机构的人员来说，具有他们无法比拟的优越条件：他们往往是组织行为的直接行为人，可以获取第一手的信息，而且是最具准确性的信息。从最近发生的企业腐败事件来看，因为他们（企业雇员）对企业运作模式非常熟悉，低层或中层的雇员在披露雇主错误行为方面确实扮演了重要的角色。与传统的监控机制相比，企业雇员不但拥有获取信息的优势，而且对企业发生的异常行为十分敏感，[②]他们也有预见企业管理不善和违法行为的能力。此外，对于财务资料，专业的雇员可以立即

---

① Yu-HaoYeh, *The Effectiveness of the Whistleblower Protection Under The Sarbanes-Oxley Section* 806 *In Corporate Governance*, University of Kansas, 2011.

② Ralph Nader et al. , *An anatomy of Whistle Blowing*, in Whistle Blowing: The Report of the Conference on Professional Responsibility, 1972.

识别不准确的数据并判断企业行为是否已经超过了法律的边界。[①] 因为这些优势,企业雇员一直都是公益告发的最重要的力量,最近的研究显示,1/3 的企业发生的经济犯罪和欺诈行为是由企业雇员披露的。[②] 如果他们成为告发者——包括其他一些有条件获知组织信息的人——可以很好地解决组织内上下层级之间或者组织内外之间的信息不对称的问题,这种信息的平衡是解决组织失控问题的关键所在。

公益告发者的监管作用对保护股东利益来说也至关重要。企业和股东之间存在一个有趣的关系,因为股东拥有企业,但是他们却是公众的一部分——特别是上市公司的股东。尽管股东在企业中拥有股份,但是他们对企业的运行状态,特别是每天发生的事情,几乎一无所知。这样一来,告发者所处的位置就极有价值了,因为他们基本都是企业的雇员或者有知悉企业运行的便利条件。从本质上讲,告发者拥有股东和公众都缺乏的信息,对保障股东的利益来说有着传统监管机构所不具备的优势。

企业雇员是组织的一分子,必须忠诚于企业规章并受制于企业,但他们可以被赋能,作为公共利益在企业内的代表,可以及时报告企业的错误做法,并尽力减少其对股东和社会大众带来的损害,这正是公益告发制度的本意所在。公部门组织的情况同样如此,其雇员所拥有的信息优势地位与企业雇员是一样的,也同样具有判断

① Richard Alexander, *The Role of Whistleblowers in the Fight against Economic Crime*, J. Fin. Crim. ,2004. 12:131.

② Kathleen F. Brickey, *From Enron to WorldCom and Beyond: Life and Crime after Sarbanes-Oxley*, Washington University Law Quarterly,2003,81:357 – 374.

组织行为是否合规的专业优势，他们完全可以作为组织内部的社会公众的代表，监控组织行为，不使其偏离设立的初衷及保障社会公益的使命。

三、公益告发者在企业风险监管中的作用

对于公部门组织来说，组织风险不是他们关心的问题，因为公部门组织负责提供公共产品和公共管理服务，盖因公部门组织在社会运行中的重要作用，他们似乎不用担心"组织风险"的问题。但是，对于私部门组织来说，组织风险就是他们时刻担心的问题，企业风险管理始终是企业管理的题中应有之义。企业风险管理（ERM）的目的在于获得以下组织管理方面的目标：(1)战略意义上的目标，最低水平的目标是希望与企业的使命结合并支持其使命的完成；(2)操作层面的目标，在于有效地使用企业的资源；(3)通报：通报的可靠性；(4)合规：与可执行的法律和规章相符合。目前来看，企业风险管理以及对告发保护的重视仅限于最后一个类别的目标（合规），忽略了告发其实也可以对其他目标做出贡献。[①]

在企业的经营过程中，风险始终如影随形，企业的有效管理当然可以降低企业风险发生的概率。欧盟委员会认为，"企业治理是抑制有害的短期利益主义和过度的风险的一种方法"，[②]经合组织的

① Eva Tsahuridu, *Whistleblowing Management is Risk Management*, in David Lewis & Wim Vandekerckhove eds., Whistleblowing and Democratic Values, International Whistleblowing Research Network, 2011, p. 56 – 70.

② Eva Tsahuridu, *Whistleblowing Management is Risk Management*, in David Lewis & Wim Vandekerckhove eds., Whistleblowing and Democratic Values, International Whistleblowing Research Network, 2011, p. 56 – 70.

报告也指出,“企业在薪酬管理、风险管理、董事会执行及股东权力的行使上的治理薄弱是造成金融危机的重要原因之一”。[①] 企业治理的进一步的努力聚焦于内部控制和风险管理,增强企业治理的尝试不仅着眼于对风险管理的增强,同时也应着重对告发者的保护。对于预防企业的经营风险来说,一个预警系统,如告发系统当然是大有益处的。不管风险发生的情形如何,第一个发现这种风险的人一般都是为企业工作的雇员。告发可以帮助雇主识别风险,比如,工场中的危险,组织内或组织的欺诈行为,错误销售行为和固定价值,提供、接受和请求贿赂行为,向环境倾倒危险物质,绩效数据的错误报告行为等。[②] 如果这些行为能够被及时告发,并及时得到纠正,那么企业经营的风险就会大大降低。

尽管告发与风险的识别之间存在重叠,但它们是独立的,具有不同的程序和目标。风险管理是企业保存自己的努力,要确保能够识别风险并管理风险,而告发者重于对告发者的保护以及法律法规的合规,告发不太重视告发在识别和管理风险上可以给企业带来的利益,但是,告发可以作为组织风险管理工具,用以帮助组织识别并解决发生于组织或由组织作出的错误的做法,[③]这样就能在很大程

① Eva Tsahuridu, *Whistleblowing Management is Risk Management*, in David Lewis & Wim Vandekerckhove eds., Whistleblowing and Democratic Values, International Whistleblowing Research Network, 2011, p. 56 – 70.

② Eva Tsahuridu, *Whistleblowing Management is Risk Management*, in David Lewis & Wim Vandekerckhove eds., Whistleblowing and Democratic Values, International Whistleblowing Research Network, 2011, p. 56 – 70.

③ Eva Tsahuridu, *Whistleblowing Management is Risk Management*, in David Lewis & Wim Vandekerckhove eds., Whistleblowing and Democratic Values, International Whistleblowing Research Network, 2011, p. 56 – 70.

度上化解企业的经营风险。

第二节　公益告发引领职场伦理的变革

一、雇主至上——旧的职场伦理的弊端

在组织雇员是否对组织负有忠诚义务这个问题上，虽然仍存在否定的声音，①但绝大多数的学者都认为雇员对组织具有忠诚义务。一个潜在的告发者，无论他在组织中从事什么工作，也不论他在组织中的职位高低，哪怕只是一个实习生，就因为他们是组织的一部分，从而对组织负有忠诚的义务。除此之外，因为职业关系的存在，一个组织的雇员还对组织中的其他雇员负有忠诚的义务，这种关系不宜轻视，特别是在师徒关系的情况下，这种义务显然尤为重要。正是这种对于组织和对于组织成员的基于忠诚义务的道德责任的存在，使得潜在的告发者在某些不法情事发生之时，并没有选择告发，而是选择了沉默。如果这种基于职业而与组织和组织成员的关系不存在，那么告发者就不会存在这些顾忌。

我们来看一个著名的案例：1974 年 3 月 3 日，土耳其航空公司的 981 号航班（一架 DC－10 客机）在巴黎奥利机场起飞 8 分钟后爆炸，机上 346 位乘客无一幸存，这次空难被称为史上十大民航空难之一。后来的调查发现，导致此次空难的原因在于 DC－10 客机的设

---

① 如有的学者认为，雇员没有必然的对公司忠诚的义务，因为公司不能成为忠诚的客体，它只是利益的集合体，参见 Deborah J. G. ,*Ethics issues in Engineering*, Prentice Hall, 1991：243。

计缺陷，因此，它也被认为是20世纪十大技术灾难之一。更让人难以接受的是，其实已经有人发现了这个设计上的缺陷，如果他能够积极告发，此次事故其实是完全可以避免的。DC－10客机是美国麦克唐纳·道格拉斯公司（McDonnell Douglas）（以下简称麦克唐纳公司）研发的三引擎中远程宽体客机，它有着像波音747这种四引擎飞机的航程，但对于机场的要求却没有四引擎飞机那么高，可以在较短的跑道上起飞。这款飞机于1966年开始设计，1972年，麦克唐纳公司将设计和建造飞机货舱门的合同给了康维尔飞机制造公司（以下简称康维尔公司）。康维尔公司方面在这个合作项目中有一个设计负责人，叫丹·阿普尔盖特（Dan Applegate），他是一名高级工程师。他在很早的时候就发现了飞机货舱门的设计缺陷，因为第一架DC－10飞机在生产线上进行压力测试时，货舱门爆裂了，客舱地板弯曲变形，从而导致数根水力和电力线受损，后来虽然对原来的设计进行了更改，但问题并没有解决。阿普尔盖特针对这个问题，给公司的副总裁写过一份详细的报告，指出了货舱设计的缺陷及其危害，但是公司高层出于某些原因的考虑，并没有将这个问题告诉麦克唐纳公司。[①] 阿普尔盖特在进行内部告发之后，出于对雇主忠诚的考虑以及对报复的惧怕，他没有将这个信息对外披露，也没有向有关部门告发。他在内部告发无效之后，选择了沉默。交货之后，在土耳其981号航班出事之前，还发生过一次类似的事故，这个设计缺陷使DC－10飞机在一次飞行中，飞机货舱门脱落，客舱门再次变形，所幸没有人员伤亡。让人心痛的是，这次事故仍然没有

① 参见刘洪：《工程举报研究——从工程伦理的观点看》，浙江大学2007年硕士学位论文，第25页。

引起麦克唐纳公司的重视，直到土耳其 981 号航班巨型空难的发生。

导致此次事故的原因也许是多方面的，比如，麦克唐纳公司自身的疏忽或者相关行政部门的失职，但是，我们完全可以作一个假设，如果阿普尔盖特在内部告发无效之后，又勇敢地进行了外部告发，向相关部门披露这个设计上的缺陷，那么这次空难应该是可以避免的。这是因为对雇主忠诚而导致巨大灾难的一个非常典型的例子。这显然是一种过时的职场伦理观，如果雇员都认为应对雇主“死忠”，认为“雇主利益至上”，那么，在组织行为违反法律的规定时，他们就会选择沉默，甚至参与到组织的违法行为中去。这种过时的职场人伦理观念，对公益带来的损害也是显而易见的，因为具有获取组织违法信息最佳位置的组织雇员都不能勇敢地站出来，试图通过告发来阻止组织行为对公益的损害，那么，阻止这种损害的发生势必变得更加困难。

二、公益至上——职场伦理的新趋势

虽然大多数国家的立法都将告发者的范围不仅限于组织的雇员，还包括退休的员工、离职的员工、实习生或者与组织有合同关系的承包商等，但绝大多数的告发者仍然是组织的雇员，即组织内部的成员。对于组织内部成员来说，他们在决定是否告发时，会考量多种因素，这种考量的实质是与忠诚的冲突，这也是研究告发伦理学最具价值的部分。组织内部的雇员，无论是私部门的雇员，如普通的企业员工，还是公部门的雇员，如公务员，他们都具有两重身份：他们的第一种身份是组织的雇员，他们为组织工作，获取组织发放的薪水，借此作为安身立命的资本和平台。他们在工作的同时，也是在从事一种职业，这种职业让他们有归属感，也让他们获得职业的尊严。他们的第二种身份是社会的成员，无论一个人是否从事某项工作，从属于某个组织，他始终都是社会的一分子。作为社会的成员，他应该享有一些权利和承担一些义务，无论这种义务是来自法律还是来自道德。在这个人进入某个组织，从事某种职业时，他即获得了组织成员的身份，但是其社会成员的身份并不因此而失去。在告发者身上集合的这两种身份，使告发者要面临伦理层面的两种忠诚：对于组织的忠诚和对于社会的忠诚。

组织的雇员从事的是一种职业，无论这种职业的性质如何，这种职业的本身都负有一定的社会责任。公部门的雇员从事的是公共事务，大多数是代表国家行事，其所肩负的社会责任自不待言；对于私部门的雇员来说，其所从事的职业首要的目标可能是效率和利益，但其也势必对公共利益负责，肩负一定的社会责任。组织的雇员不仅应对雇主忠诚，他还必须对社会忠诚。

所谓职业，实际上是一定数量的同一项工作的个体为了生计自愿组织的，并以超越法律、市场、道德以及公众思想所要求的方式，公开维护一个道德理想。[①] 因此，一个职业如果希望得到社会的认可，必须向社会宣誓本职业有一颗忠于社会的心，将为了社会的进步，为了人类的福祉而努力工作。迄今为止，在任何一种走上职业之路的行业中，我们都可以看到这种誓言的影子。例如，对医生这个职业来说，有著名的希波克拉底誓言；对律师这个职业来说，他们宣称自己的使命是维护法律的尊严和社会的正义；对会计师而言，

① Davis M. Profession, *Code, and Ethics*, Ashgate Publishing Company, 2002, p. 11.

他们往往会宣称自己是社会财富的守卫者;对建筑师而言,他们常常宣称改善人类的居住条件是自己的义务。[①] 可见,职业本身已经包含对于社会的责任。以工程师为例,工程师除了对自己的雇主忠诚之外,他还肩负一份对于社会的责任,工程质量、公众的安全都包含其中。戴维斯认为,工程的历史表明无论是在工程伦理的文献研究中,还是在工程伦理的教育中,关注告发都是必要的。"告发是这样一种方式,通过这种方式,工程师向我们表明同雇主的利益、工程师自己的事业和物质福利相比,公众的健康、安全、福利应该得到优先考虑。"[②]在雇主利益和公共利益之间的选择,反映了两种职场伦理观念。告发者为了社会公共利益,冒着成为组织"叛徒"的风险,甚至明知道会招致雇主的报复,他仍然挺身而出,这代表着一种新的职场伦理趋势。

三、公益告发作为伦理责任

当然,也有学者认为,告发恰是告发者忠诚义务的一部分。忠诚义务并不是要求组织的雇员盲目地对组织履行忠诚义务,而是要视组织选择做什么事情而定。如果组织选择站在公共利益的反面,组织雇员完全可以进行告发。从这个角度来看,"忠诚义务要求组织成员对于组织的缺点要有一定程序的容忍,但并不是要求完全和无条件的容忍"。[③] 换句话说,组织成员的忠诚义务存在一个界限,

---

① 参见刘洪:《工程举报研究——从工程伦理的观点看》,浙江大学 2007 年硕士学位论文,第 19 页。

② Davis M. ,*Thinking like an Engineer*,oxford University Press,1998,p. 90.

③ Corvino J. ,*Loyalty in Business*? Journal of Business Ethics,2002,41:179 – 185.

如果超出了忠诚义务的界限,组织成员仍然可以选择告发。如果雇主的行为已经严重到超出忠诚义务所能容忍的范围,组织成员选择告发,在这种情况下,他的行为并不构成对忠诚义务的违反。以前面提到的麦克唐纳公司的 DC－10 空难案为例,在这个案例中,组织的行为如果不得到修正,将造成严重的后果,这显然已经超出了忠诚义务的界限,如果对组织的此类严重行为都选择沉默,当然是不被允许的。这个理论的缺陷也是明显的,因为它需要一个清晰的定义来说明忠诚义务的"界限"究竟在哪里。[①] 找到这个定义,仍然是一个挑战,但是如果对组织的某个行为进行道德考量后,认为它比忠诚义务更重要,无法抵销对组织的忠诚义务,那么,组织成员应该选择告发,而不是执行忠诚义务,在这点上,忠诚义务的界限就比较清楚了。

顺着这个思路,有的学者在这个问题上有了更深的思考,他们认为,忠诚义务不仅允许告发,它在事实上还是要求告发的。从这个角度来看,忠诚义务要求组织成员"要审慎地考虑他的行为对他所忠诚的组织的明确使命、价值和目标来说是否是有贡献的[②]"。在大多数的情况下,组织的错误做法与组织的价值和目标都是不一致的。组织成员对这种错误的行为进行告发实际上更符合组织的价

---

① Janet Malek Ph. D. , *To Tell or Not to Tell? The Ethical Dilemma of the Would-Be Whistleblower*, *Accountability in Research*, Policies and Quality Assurance, 2010, 17(3): 115－129.

② Vandekerckhove W. , Commers M. S. R. , *Whistle Blowing and Rational Loyalty*, Journal of Business Ethics, 2004, 53: 225－233.

值和目标的要求，由此，可以说告发是忠诚义务的要求，[①]是对组织忠诚要求下的一个伦理义务。社会属性或公益属性越强的组织，对组织雇员（或成员）的这种伦理义务的要求就越高。

这种伦理要求对于公部门的职员来说是很常见的，比如在美国和韩国，对于公职人员来说，告发都是一种伦理上的职责：美国《文官改革法案》即明确规定，联邦雇员若发现政府行为违法，他应积极进行告发。此外，在 1980 年通过的《政府服务伦理法典》（A Code of Ethics for Government Service）中也明文规定，政府公务员对于最高道德原则的忠诚优于对行政长官个人、政党以及服务部门的忠诚。[②]韩国《公益告发者保护法》第 7 条明文规定："根据《腐败防止和国民权益委员会的设立与运营法》第 2 条第 3 项，公职人员在工作过程中发现公益损害行为时，应当向调查机关、侦查机关或者委员会告发。"

第三节　公益告发具有重要的民主价值

一、公益告发是"无畏的言论"

公益告发的本质是言论自由，告发者对于组织的违法行为发表意见，并同时将其内在思想表达出来，这当属言论自由的范畴，这也

① Janet Malek Ph. D., *To Tell or Not to Tell? The Ethical Dilemma of the Would-Be Whistleblower*, *Accountability in Research*, Policies and Quality Assurance, 2010, 17(3): 115–129.

② 参见李志明：《我国公民检举权的理论基础》，载《广州大学学报（社会科学版）》2011 年第 1 期。

是美国法律为什么认为公益告发权利的源泉来自《宪法修正案》第 1 条和第 14 条规定的“言论自由权”的原因。只是这种言论自由权的行使往往伴随着很高的风险。因为不少组织都要求组织成员承担高度的保密义务,禁止组织成员将基于内部人(insider)身份而获得的信息向外披露,非法的组织如意大利黑手党,合法的组织如安全机构和军队,都有这样的要求,违者往往面临被处死或处以刑罚的风险。

告发者在其他人都选择沉默的时候,挺身而出,勇敢地将雇主对公众有害的“错误做法”进行告发,他的目的在于阻止有害的行为或防止这些行为在将来再次发生。通过对损害或者可能损害社会公共利益的行为的披露,无论何种形式的告发都可以保护我们的社区,提升公众的福利,也可以拓展法治的空间。这种行为被称为一种“无畏的言论”,①同古希腊和古罗马时期存在的“parrhesia”很相似。福柯(Michel Foucault)曾对“parrhesia”有过论述,他认为“parrhesia”是一种说真话的勇气,说话者冒着毁掉生活的风险讲出它与真相的关系,因为他认为讲出真相是一种责任,也能够起到提升或者帮助他人(或者他自己)的作用。② 告发者冒着被开除和被报复的风险,勇敢地进行告发,这当然算是一种典型的“parrhesia”,告发者在无畏地表达自己对社会公共利益的关切,哪怕将自己带入不利的境地也在所不惜。

---

① Abraham Mansbach, *Whistleblowing as Fearless Speech: The Radical Democratic Effects of Late Modern Parrhesia*, in Whistleblowing and Democratic Values, The International Whistleblowing Research Network, 2011.

② Michel Foucault, *Fearless Speech*, Semiotext(s) Press, 2001: 19.

二、公益告发的民主价值

我们从告发者的私人层面与社会层面的紧张状态中可以看出公益告发所蕴含的民主价值：从宏观层面来看，是民主社会与告发所获得的少得可怜的保护之间的紧张状态；从中观层次来看，是组织社会责任与组织雇员被鼓励保持沉默之间的紧张状态；从微观层次来看，告发者对组织及其管理者的希望和信任与他们所被“回报”的伤害之间的紧张状态。① 告发者的行动是希望改变比他们更有权力的人的决定，在公共和政治范畴中，这种个人的披露行为其实有着更大的意义，它能改变政治运行的方式。②

告发者一般都是组织内职位较低的雇员，这些人可以说是组织内的弱势群体（当然也不排除组织高管的告发）。告发者所知悉的事实真相和持有的原始证据加之他们自身的勇敢抵销了他们在组织中的危脆地位，尽管他们会因为他们的告发行为而遭受威胁或者骚扰，他们也不会选择退让或者放弃他们的告发。告发者的行为包含了对真相的追求、自身的勇气以及坚韧的品格。告发作为一种“无畏的言论”，是因为这种行动希望改变更有权力的行为者的

---

① David Lewis & Wim Vandekerckhove, *Introduction*, in David Lewis & Wim Vandekerckhove eds., Whistleblowing and Democratic Values, The International Whistleblowing Research Network, 2011.

② Abraham Mansbach, *Whistleblowing as Fearless Speech: The Radical Democratic Effects of Late Modern Parrhesia*, in Whistleblowing and Democratic Values, The International Whistleblowing Research Network, 2011: 12 – 27.

决定。①

告发的行为对政治的运行也大有裨益：因为通过告发，违反法律的行为受到了惩罚；言论自由、透明、责任这些珍贵的价值得到了培育；通过告发，自由和真相得到了敬重，而且个人自治、公众福利以及与腐败的斗争都受到了鼓励。② 这些都是极为宝贵的政治品格。

告发也可能对政治和司法产生直接的影响，在这方面有不少有广泛影响的案例，从告发影响政治来看，有著名的水门事件，Mark Felt 的披露最终导致尼克松的辞职；从告发对司法的影响来看，安然公司（Enron）的案件直接导致一些同公司有关的立法的通过，比如著名的《萨班斯－奥克斯利法案》。与此相应，安然事件还导致在世界范围内产生了不少的制度衍生物，包括为了保护公众在将来免受类似的欺诈而加强对跨国公司的规制。

公益告发作为自由的言论往往是一个对社会有利的行动。告发制度无疑具有两面性，它在不当使用之时，有可能给组织带来损害，对公部门组织的不当告发，甚至可能危及国家安全；但是，如果组织的错误行为能够因为告发得到阻止或者预防，对组织、社会大众和国家来说都是有益的。告发行为可以使企业不敢生产不安全的产品，可以减少政府资金的浪费，保护环境免受污染，保护社会公众的

---

① Abraham Mansbach, *Whistleblowing as Fearless Speech: The Radical Democratic Effects of Late Modern Parrhesia*, in Whistleblowing and Democratic Values, The International Whistleblowing Research Network, 2011: 12 – 27.

② David Lewis & Wim Vandekerckhove, *Introduction*, in David Lewis & Wim Vandekerckhove eds., Whistleblowing and Democratic Values, The International Whistleblowing Research Network, 2011.

安全和健康，免受来自组织的伤害。因为告发者的存在，组织势力有所忌惮，企业税务欺诈、挪用资金、欺诈消费者、职务犯罪等都将减少。社会公共利益的增长，显然有助于政治的运行。

三、公益告发是一个微观政治行动

在当代社会，权力不仅仅体现于政府与团体或个人的关系之中，它也在琐碎事物及每日生活的交易中传递。在友谊、亲情或熟人关系之外，每天的社会关系中也包含着隐藏的冲突、竞争和对抗。这种包含于社会关系中的行为就是微观政治行动，公民通过这种行动来定义自我。① 从社会和政治动态来看，这意味着对自由民主社会的介入并不只有集体的行动，比如，投票，签署请愿书，游行或者罢工，也存在非集体政治介入行动，公益告发便是此中一例。当然，这种形式的告发不可能形成一个较大的规模而保持它自由民主的属性。在这样的案件中，我们当然也不能指望个人或者个人团体以自己的名义行事就能够解决这个社会所面临的问题。虽然如此，告发的个人或者集体性的政治价值仍然不能低估。它是一个微观政治意义上的行动，影响了主体性的产生，每个人都要对他的想法负责。如果不采取纠错行动，那么传递给大众的信息将是错误的做法被接受而且对公众的损害将会增加。无论如何，如果在告发之后会有纠错的行动，无论是在工作场所还是在公共范畴，公众都将受益。

① Abraham Mansbach, *Whistleblowing as Fearless Speech: The Radical Democratic Effects of Late Modern Parrhesia*, in Whistleblowing and Democratic Values, The International Whistleblowing Research Network, 2011: 12 – 27.

在这样的情形下,告发作为一种无畏的言说将使自由民主充满活力。[①]

第四节　公益告发能够促进公共法律的执行

一、公共法律的私人执行

公共法律(简称公法)与私人法律(简称私法)的分野自罗马时期就已经开始,这种分野的产生是由于它们二者的性质不同造成的:公法被认为是保护公共利益的法律,造福于社会大众,典型的公法有宪法、行政法、刑法等;私法则被认为是保护私人利益的法律,规范私人之间的人身和财产关系的法律,典型的私法如民法、商法、婚姻法和合同法等。公、私法的分野对应着两种不同的法律执行方式:从现代法学的观点来看,一般来说,公法应由公共机构负责执行,比如,行政法的执行主体都是行政机关,刑法的执行机构则一般是公安局、检察院和法院这些公共机构,由这些机构对违法行为进行调查,并对违法者进行行政处罚、提起诉讼或司法审理,这种执行方式被称为法律的公共执行(public enforcement);而私法则自然应该交予私人执行,比如,合同的成立、生效、变更或解除,私人一般可依意思自治而作出一定的处分,如果对方当事人存在违法行为,也由私人进行调查、收集证据并提起诉讼,这种执行方式被称为法律

① Abraham Mansbach, *Whistleblowing as Fearless Speech: The Radical Democratic Effects of Late Modern Parrhesia*, in Whistleblowing and Democratic Values, The International Whistleblowing Research Network, 2011: 12 - 27.

的私人执行(private enforcement)。

现代法学理论对于公法与私法的执行方式作这种泾渭分明的区分并没有太长的历史,在早些时候,公共法律也并非一定由公共机构执行,私人也是公法的重要执行力量,甚至刑法都不例外。“尽管美国当代法理学把刑事执法归为公共执法职能,但是大多数前现代社会的刑事执法都是由私人进行的。”[①]从公元7世纪到19世纪,英国的刑事执法经历了四个阶段,其中每个阶段的特征都表现为某种刑事执行的方式,四个阶段的刑事执法方式在私人执法与公共执法之间交替转换。在英国,刑法的私人执行不仅存在了相当长的时间,而且18世纪的英国私人刑事执法体系被看作是一种有效的执法方式。[②] 如果说英国的刑事执法体系在某种程序上结合了公共执法和私人执法,那么一种“更加纯粹”的私人刑事执法体系则曾经存在于中世纪的冰岛,而且也被看作是一种有效的执行方式。[③] 由此可见,即便是像刑法这么重要和严肃的公共法律,也存在私人执行的空间,由私人执行公共法律,在法律执行中一直都占据着重要的地位。

近年来,对法律的两种执行方式究竟孰优孰劣的争议一直不绝于耳。支持公共法律可由私人执行的理论也很多。比如,有学者认为,公法的私人执行有助于促进公共利益的多元理解,[④]更多的人由

---

① Klerman Daniel, *Private Prosecution of Crime in Thirteenth Century England*, Chicago: University of Chicago Law School, 1997.

② Friedman David, *Making Sense of English Law Enforcement in the Eighteenth Century*, University of Chicago Law School Roundtable 2, 1995: 475 – 505.

③ 参见李波:《公共执法与私人执法的比较经济研究》,北京大学出版社2008年版,第2页。

④ See J. R. S. Prichard & A. Brudner, *Tort Liability for Breach of Statute: A Natural Rights Perspective*, Law & Phil., 1983, 2: 100.

于怀疑公共权力和私人权力的区别也支持公法的私人执行，他们认为，一个私人如果说不是更多也至少与一个公共官员拥有同样多的知识技能和信息，而且，由于关系到自己的切身利益，私人会比公共机构有更强烈的愿望去执行公法。此外，政府失败特别是捕获和公共选择理论也认为，公法的私人执行是重要的和正当的。如果公共执法者不能被管制部门实施强有力的法律执行，那么，由私人执行者来代替或者补充公共机构的执行则是必要的。[①] 鼓励私人执法的理由可以说是鼓励市场竞争理论的一个应用，与公共执法模式相比，私人执法模式的优势表现在三个方面：(1)私人执法体系可以降低对执法者的监督成本；(2)私人执法体系无须向执法者支付高额的效率工资；(3)私人执法体系可以大大减少腐败的机会。[②]

除了理论上的争鸣之外，在法律实践层面的进展也很快。近年来，在西方国家，在不少公共法律的执行中，越来越多地有了私人的参与，比如，对环境保护法、反垄断法和政府采购法的执法，私人发挥了越来越大的作用。比如，美国就存在发达的反垄断法私人诉讼制度，由私人起诉企业的垄断违法行为，以此作为对反垄断公共执法的补充。[③] 种种情形都足以说明，由私人执行公共法律是可行的，也是有益的。

① 参见王健：《反垄断法的私人执行——基本原理与外国法制》，法律出版社 2008 年版，第 25 页。

② 参见李波：《公共执法与私人执法的比较经济研究》，北京大学出版社 2008 年版，第 25 页。

③ 参见颜运秋、周晓明等：《我国反垄断私人诉讼的障碍及其克服》，载《政治与法律》2011 年第 1 期。

二、告发者在私人执行上的意义

本书所谓公益告发包括告发者的两个行为:一是披露行为,即告发者将其因自身身份优势获得的组织违法行为的信息向组织内或组织外可以对此采取行动的个人或组织进行披露,借此阻止不法情事的发生或者终止;二是诉讼行为,即通过告发者对组织提起诉讼,由法院对组织判处对政府所造成的损失的赔偿及罚金,使公益损失得以弥补,并对组织产生威慑,促进相关法律的执行。

从其披露行为来看,告发者即是以私人身份,承担公共机构应该承担的披露义务。现代民主社会有多种针对损害公众的非法或不道德行为的披露机构,这些机构包括公安部门、环境部门、证券部门、税务部门等。这些机构在各自的职责范围内,行使其对社会的信息披露义务。比如,公安部门,主要负责对组织犯罪行为的披露;环境部门负责对组织环境违法行为的披露;证券部门则负责对私部门组织的上市公司的证券违法行为进行披露,等等。此外,还有一些承担社会责任的机构,也向社会承担披露的责任。社会公众可以根据政府职能部门或非政府机构披露的信息,来避免一些无谓的损害。在这些机构之外,还有私人以自己的名义披露这些行为,这些人就是“公益告发者”。告发者在组织内部告发,如果能够得到组织的重视,组织可以采取行动终止违法行为,或者使潜在的危害行为不发生,即调整自身的行为,使其符合法律的规定。这种自愿的“合规”行为即是内部告发的意义所在。对于外部告发来说,告发者所拥有的关于组织违法行为的原始资料对于公共披露机构来说,绝对是一个十分有益的补充。因为对于公共披露机构来说,这些信息它们基本上没有能力获取。告发者的外部披露行为,可以使组织监控机构掌握到组织内的违法行为,从而更好地采取措施,使组织行为重回法律轨道。可见,无论是组织内部还是组织外部的披露,告发者的行为对于公共法律执行都有着重要的促进作用。

告发人诉讼本身就是一个典型的公共法律的私人执行的例子。拥有原始证据的告发者,可以在法院提起对组织的诉讼,这种诉讼不是代表告发者本人,而是代表政府。这实际上就相当于代行公共机构的职能,从而促进公共法律的执行。在告发人诉讼中,政府可以选择介入案件,即接过告发者起诉的案件,替代告发者将诉讼完成;政府也可以选择不介入案件,由告发者单独完成案件,这是法律的公共执行和私人执行相互补充的很好的例子。

由此可见,公益告发制度的本质是鼓励私人行动,促进公共法律的执行,它可以与公共执法机构互为补充,共同阻止公益损害行为的发生,增进社会公共利益。

三、公益告发与公共执行的互动

我们以告发人诉讼为例,说明公益告发者与公共机构在对《虚假请求法》执法中的互动情况。美国的《虚假请求法》颁布于1863年,该法的立法宗旨在于打击对美国政府的欺骗行为,此法确立了美国的告发人诉讼程序。掌握了欺骗者直接证据的告发者有权以国家名义提起诉讼,在胜诉之后,告发者可以获得一定比例的政府受偿数额作为奖励。根据告发人诉讼的规则,告发者在提起诉讼之后,应向美国司法部(联邦检察官)提供一套包括自己“掌握的几乎所有的重大证据和有关信息的书面揭露材料”,美国司法部有60天的时间来调查告发者的诉求，并审查告发者提供的证据材料，在评估告发者提起的诉讼之后，美国司法部有以下四个选择：[①]第一，接管告发人诉讼案件。在接管告发者提起的案件之后，美国司法部将承担这个案件的主要责任并将适当限制告发者在案件审查中的作用。当然，告发者仍然可以全程参加诉讼。如果告发者积极帮助调查，国会给予他的奖励比例最高可达25%；如果告发者只是提起诉讼，他的奖励比例至少也会有15%。第二，拒绝介入，仍由告发者作为原告代表国家参加诉讼，如果案件获得胜诉，告发者可以获得的奖励比例为25%～30%。第三，请求法院不予受理，告发者会得到通知和申诉的机会。第四，在通知告发者并为之提供申述机会后，与被告人庭外和解。由此可见，告发人诉讼程序能够很好地体现公共机构与私人（告发者）在公共法律执行上的完美互动，告发者的优势和美国司法部的优势可以集合到一起，并且有灵活的程序来保证两者优势的互补。如果美国司法部觉得由他们起诉比较合适，就可以接管案件；如果觉得告发者作为原告较好，司法部可以选择不介入案件；如果觉得案件没有意义或意义不大，还可以建议法院撤销案件或与被告和解。

公益告发制度作为公共法律的私人执行的一种方式，可以作为公共执行的有益补充，两种执法方式的互动可以提高公共法律的执行效果，增加社会福利。将私人执法者引入到公共执法体系中的最优形式，与单纯的公共执法体制相比，总是能够（弱）提高社会福利水平。这是因为，将私人执法者引入到公共执法体系中，有两个积

① 参见李波：《公共执法与私人执法的比较经济研究》，北京大学出版社2008年版，第11页。

极效果：第一，当公共执法者不能了解到供应商真正的生产成本时，私人执法者将作为另外一个监督者，有助于部分地解决公共执法不足的问题；第二，当公共执法者了解到供应商真正的生产成本，但是却被供应商收买时，私人执法者将扮演监督供应商和公共执法者的角色，再一次帮助减轻公共执法不足的问题。除非私人执法的成本非常高，以上两方面都将增加社会福利。[①]另一理解上述结果的角度，是私人执法者的引入将减轻财产约束和收税成本所带来的负面影响。由于供应商和公共执法者的财产约束，对有欺诈行为的供应商和腐败的公共执法者施以的罚金不会太高；而由于征税的社会经济成本，对于正直且成功的公共执法者的奖励也不能很高；同时，社会最优的公共执法者监督强度受到监督成本的制约。鉴于上述因素，有欺诈行为且财产约束有效的供应商将利用财产约束和监督强度有限的情况，虚报较高的成本，而不诚实的公共执法者将利用财产约束，接受某些供应商提供的贿赂。在已有的公共执法体制中引入私人执法者后，监督的强度将提高，从而有助于减轻财产约束和税收成本的负面影响。[②]

---

① 参见李波：《公共执法与私人执法的比较经济研究》，北京大学出版社 2008 年版，第 124 页。

② 参见李波：《公共执法与私人执法的比较经济研究》，北京大学出版社 2008 年版，第 137 页。

第三章　公益告发的三个渠道

在组织的错误行为发生之时，知情的组织雇员（或成员）的告发渠道是多种多样的：如果是在私部门组织中，可以向负有相关职责的人员（如对企业的环境违法行为，可以向企业内部处理环境保护事务的管理人员告发）、组织的高级管理人员（如部门负责人、CEO 等）、董事会、监事会、伦理官、法务人员、政府职能机构（如环保局、卫生局、劳动局等）、司法部门（如检察院等）、媒体部门、非政府组织进行告发。如果是公部门组织，除上述可供告发的渠道之外，还可以向组织内部的廉政人员、纪监人员、机构负责人等进行告发。除此之外，告发者可以选择到法院提起诉讼，告发人诉讼在美国及南非都是普遍存在的告发渠道。这些可供告发的机构或个人，都属于可以对组织不法情事采取行动的主体，向这些主体告发，都有可能阻止或者终止组织的错误行为，因而，它们都是有效的告发接受者，但是这些机构或个人因为职能（或职责）上的差异，引发的法律效果肯定不同。至少,向何种机构(或个人)告发,给组织带来的影响是不同的,比如,告发者向企业处理环保事务的管理人员告发和向电视台告发,对企业的影响是不可同日而语的;向企业的内部人员告发,企业可能根据员工的告发,及时地纠正环境违法行为,防止或者减少环境损害的发生,这样对企业不会造成什么负面影响;但是,如果告发者向电视台告发,电视台曝光企业的环境违法行为,对企业的损害就是非常大的,不但给企业造成负面影响,还会影响到股东和员工的利益。对企业造成的损害越大,告发的员工可能招致的报复就会越严重,告发员工需要得到的法律保护也会愈加严密。"对告发渠道的制度设计的原则是要平衡这些方面的利益:雇员进行告发而免受惩罚的利益,组织加强控制和提高效率的利益,以及社会鼓励合法行为及公众责任的利益。对于合理的告发渠道的决定对于牵涉其中的各方利益来说至关重要,因为这决定了谁可以对告发信息进行处理,何时及如何采取补救及惩罚的措施,哪一方的利益将会增进或受损。"[①]鉴于告发渠道的多样性,本书根据告发接受者的不同将其分为三个部分:组织内部告发、组织外部告发、告发人诉讼。这三种告发的渠道,不但在功能上存在不同,而且告发者受到的法律保护也不相同,下面分而述之。

---

① Terry Morehead Dworkin & Elletta Sangrey Callahan, *Internal Whistleblowing: Protecting the Interests of the Employee, the Organization, and Society*, Am. Bus. L. J., 1991, 29(267): 299-300.

第一节　组织内部告发

一、内部告发的意义

（一）私部门组织内部告发的意义

第一，减少企业的经营风险。内部告发给了组织一个纠正错误和及时重回正轨的机会，减少雇员进行外部告发的概率，这样可以减少组织的成本，也能够避免组织因外部告发而遭受更大的损失。内部告发可以减少企业由外部人或机构调查的机会，可以阻止企业机密信息向公众或竞争对手泄露。雇主接收到告发者关于企业非法行为的信息后，他有能力调查信息的真实与否以便及时采取纠正行动。这些早期的行动可以避免政府的介入，减少公众批评企业错误行为的可能性。[①] 这些行动也可以为企业节省将来的调查费用，避免行政罚款和刑事制裁或其他不利后果。

第二，避免公司股东诉讼。依照公司法的规定，公司董事会作为公司的决策和执行机构，应当就公司的决策及执行措施对股东负责，若未尽善良管理人的义务而导致公司损失的，公司股东可能因此提起诉讼。从董事会的监督职责来看，美国的法院认为董事会有义务建立一个内部告发通道，如果不建立，则构成对监督义务的违

① Elletta Sangrey Callahan et al. , *Whistleblowing:Australian, U. K. , and U. S. Approaches to Disclosure in the Public Interest*, Va. J. L. Rev. ,2004,44.

反；如果已经建立内部告发通道，那么举证责任就转由原告承担。[①]可见，一个有效的内部告发通道可以减少股东诉讼发生的概率。

第三，保持良好的职场关系。内部告发的好处包括便于及时调查并纠正错误做法、通过雇主自动纠正错误的做法从而降低组织的成本，给雇员与雇主之间的关系带来微小的破坏。内部告发也有利于误解的澄清，因为这种误解可能会使组织和它的雇员不公平地受到损害。[②] 内部告发也可以及时化解组织内部的误解，有些时候，员工进行告发的原因可能源于对雇主行为的错误判断或对其伦理标准的异见，并非真的因为雇主的违法行为。因此，内部告发可以帮助雇主澄清误解也能够让雇主有更多的机会与员工在相关事务上进行沟通，还可以及时避免雇主、雇员之间的关系遭受破坏。

第四，有利于保护告发者。企业对内部告发者的合理的回应可以减少对工作环境和告发者本人带来的负面后果，而这些在外部告发之后几乎不可避免。对雇员一方来说，内部告发可以使他们避免因违反忠诚义务而招致的惩罚；同时，与进行外部告发相比，内部告发可能招致管理的报复相对要少得多。[③]

第五，提升企业评价。进入 21 世纪以来，国际上不少国家都爆发过企业的舞弊案，严重影响了国家的经济发展和投资者的信心，这些舞弊案的发生多因企业缺乏内部告发通道，企业缺乏自动“合

---

① 参见陈一铭：《内部人通报机制之建构与公司治理——以劳工通报为中心》，台北大学 2006 年硕士学位论文。

② Terry Morehead Dworkin, *SOX and Whistleblowing* Michigan Law Review, 2007, 105: 1757.

③ Yu-HaoYeh, *The Effectiveness of the Whistleblower Protection Under The Sarbanes-Oxley Section* 806 *In Corporate Governance*, University of Kansas, 2011.

规”的机制，因此，若企业建立内部告发通道，即表明企业管理者遵守法令的决定，也可以提升外部对企业的评价，这对增加投资者的信心来说颇为重要。

综上所述，我们可以得出结论：企业告发者如果被劝服而采用内部渠道进行告发将给企业带来好的结果。经常有企业因为严重违法而被处罚，企业的 CEO 觉得自己被下面的人骗了，因为他自己并不知道这些违法行为的存在。这是由于内部告发体系不畅，企业的违法行为被隐蔽了，连高层管理人员都不知道。可见，建立一个有效的企业内部告发体系对企业管理来说意义重大，这也是为什么从事企业管理研究的学者对公益告发也非常重视的原因。

（二）公部门组织内部告发的意义

对于公部门来说，建立内部告发通道同样意义重大。与私部门组织类似，建立内部告发通道可以使公部门组织具有“自净”功能，能够通过组织成员的告发，使组织自动调整自身行为以符合法律的规定，这样也可以避免公共利益免受更大的损失。近年来，中国官场窝案连发，牵连官员之多，腐败之严重，往往让人触目惊心，这显然是公部门组织的内部控制已经失效导致的。如果能够建立一个有效的内部告发通道，这样大面积的窝案应该是可以避免的。公部门的内部告发通道可以消除误解，保持沟通渠道，对于保持良好的工场关系也大有帮助。此外，内部告发对于保护告发者来说也较为有利，这与私部门的情况是一样的，不再赘述。

（三）内部告发与法律执行

从法律执行的角度来看，组织内部告发渠道如果有效，就等于是给公共执法增加了许多私人的力量，这些私人都是组织的员工

（或成员），他们能够方便地了解组织违法行为的存在，有些人甚至本身就是违法行为的参与者，由他们向组织内负有管理职责的负责人披露违法信息，能够使组织自动地纠正违法行为，使组织行为符合法律的要求。这样可以在还没有造成公众损害的严重后果，或者损害还较小的时候，阻却这种行为的发生，或者防止行为后果的进一步扩大，这与行政执法部门的事后处罚相比似乎具有更为重要的意义。当然，组织管理和法律执行存在相互促进的关系，良好的组织管理制度显然有助于法律的执行。因此，对于何为一个"有效"的组织内部告发制度，笔者并不同意一些学者的观点，他们认为从组织管理和法律执行的角度来看，对于何为"有效"应有不同的定义，[①]其实这两者并不是对立的关系，相反，它们具有同一的关系，一个"有效"的组织内部告发制度肯定是能够在一个合理的时间内尽快解决（或者部分解决）组织违法行为的制度，无论从组织管理的角度还是从法律执行的角度看，都应该如此。

二、内部告发的法律规定

企业内部规章制度一般视为企业内部自治的领域，基本上没有法律对这一领域内的事务置喙，但是，《萨班斯 - 奥克斯利法案》是一个例外。为了确保企业行政人员向董事会报告并保护"公开及有效的信息通道"，该法要求企业："（1）建立内部控制和程序；（2）保证它们的完整和品质；（3）起草一个内部控制报告；（4）有外部审计

① Janet P. Near & Marcia P. Miceli, *Effective Whistleblowing*, Academy of Management Review, 1995, 20(3): 679 – 708.

员证明内部控制系统的适当性。"[①]《萨班斯－奥克斯利法案》也要求每个企业的审计委员会保留所有的投诉记录并确保可以匿名递交投诉,这些要求使管理层将不会对匿名投诉置之不理,而且审计委员会要书面记载并确保内部程序的有效性。如果企业内部程序的设置不符合《萨班斯－奥克斯利法案》的要求,美国国家证券交易所以及国家证券协会将不允许这个公司的证券上市交易,还将制裁企业监管人员。国会希望通过迫使企业建立一个成功的内部告发程序,并通过它建立一个有效的合规程序,借此加强对雇员、股东以及消费者的保护。

此外,美国对于《公司量刑指南》(Corporate Sentencing Guidelines)的几次修订都鼓励员工行为守则以及对它的遵守,如果企业采取了合理的措施来保证一个有效并得到广泛宣传的合规程序的话,那么对企业的刑罚将会减少。它鼓励企业建立一个完整的、健康的内部渠道供员工进行告发。这个指南为行动有效并设立伦理计划(Ethics Programs)来调查和阻止违法行为的企业提供经济激励。[②] 这个指南给予被指控的企业一个"罪责分"(culpability scores),如果审查发现企业建立了有效的制度来避免和纠正企业内发生的违法行为,或者评估企业曾向适当的行政当局披露自己的不当做法并配合调查,这个数分可以减少。如果企业被告为调查提供了大量协助,法院将会考虑减轻对企业的判刑。在判定一个企业的

---

① John F. Kros & Scott S. Nadler, *The Impact of Sarbanes-Oxley on Off-Balance Sheet Supply Chain Activities*, Journal of Business Logistics, 2010, 31(1): 63 – 77.

② Jeffrey M. Kaplan et al., *Compliance Program and the Corporate Sentencing Guidelines*, Thomson West, 2006.

内部告发渠道是否有效时,法院将考量企业的员工守则(codes of ethics)是否适当地实施了,内部告发渠道是否有效,或者企业是否为告发者提供保护使其免受雇主的报复。这个指南试图通过提供诸如减少处罚、避免负面声誉等方面的激励来鼓励企业建立一个友好的、实用的、有效的内部告发系统。因此,企业建立的内部告发渠道越完整,企业为自己非法行为可能面临的惩罚和罚金就会越少。① 这个指南虽然没有规定企业应如何设立内部告发制度,但是对设立了告发制度的企业给予量刑上的利益,这对企业内部告发程序的设立来说具有较大的激励意义。

我国台湾地区对私部门组织的内部控制也特别重视,相关的规定较多。这些规定一般均由各行业主管机关依据"证交法"、"金控法"和"银行法"等授权而制定,作为企业设置内部控制机制的基准。这些规定一般都规定了建立内部控制机置的原则性架构和重要措施,企业应遵照执行,但是因为规定本身的原则性,企业在设置内部控制机制时仍有相当的自由空间,见表3-1。②

表3-1　我国台湾地区对于内部告发的规定

规定名称	合规制度的设置	内稽单位的惩戒建议权	相关人员必要时应外部告发	集团内告发机制
"公开发行公司建立内部控制制度处理准则"	×	×	×	×

① Yu-HaoYeh, *The Effectiveness of the Whistleblower Protection Under The Sarbanes-Oxley Section* 806 *In Corporate Governance*, Kansas: University of Kansas, 2011.

② 参见陈一铭:《内部人通报机制之建构与公司治理——以劳工通报为中心》,台北大学2006年硕士学位论文。

续表

规定名称	合规制度的设置	内稽单位的惩戒建议权	相关人员必要时应外部告发	集团内告发机制
“证券暨期货市场各服务事业建立内部控制制度处理准则”	○	×	×	×
“证券投资信托事业及经营接受客户全权委托投资业务之证券投资顾问事业建立内部控制制度处理准则”	○	×	×	×
“金融控制公司内部控制及稽核制度实施办法”	○	○(第27条)	○(第30条)	×
“银行内部控制及稽核制度实施办法”	○	○(第30条)	○(第35条)	○(第9条)
“信用合作社内部控制及稽核制度实施办法”	○	○(第39条)	○(第35条)	○(第9条)
“票券商内部控制及稽核制度实施办法”	○	○(第31条)	○(第36条)	○(第9条)
“信托业内部控制及稽核制度实施办法”	×	×	○(第18条)	×
“保险业内部控制及稽核制度实施办法”	○	○(第26条)	○(第27条)	×
“邮政储金汇兑业务内部控制及稽核制度实施办法”	○	○(第11条)	○(第20条)	×
“农会渔会信用部内部控制及稽核制度实施办法”	×	×	○(第20条)	×

三、内部告发优先

虽然《萨班斯－奥克斯利法案》第806节允许雇员将证券违法行为进行内部告发(向公司内部有监管职权的人进行告发)和外部告发(向外部的联邦监管机构、执法部门、国会成员或委员会进行告发),但它还有一个条款,这个条款明确地规定内部告发相对于外部告发而言应优先使用。对于公司的证券违法行为而言,这意味着告发员工在进行外部告发之前必须首先穷尽内部告发渠道。[①]

美国联邦最高法院也显示出支持内部告发的意图,而它的意图明显地表达在涉及《民权法》(Civil Rights Act of 1964)的性别歧视诉求上。法院认为雇主可以做肯定抗辩(affirmative defense),如果:第一,他们声称在接收到雇员的告发之后,采取了合理的措施阻止并快速处理性骚扰行为。[②] 第二,雇主必须证明"雇员没有正当理由地不抓住(take)雇主所提供的阻止及纠正机会"。[③] 如果以上两个条件可以证实,雇主可以不用对员工的性骚扰指控承担责任。此外,雇主如果证明他们已经努力制定政策来阻止工作场所的性骚扰行为,也可以减轻其责任。如果雇主有建立防止性骚扰发生的制度,那么雇主将对雇员的指控承担较少的责任。由此可见,在决定雇主是否应对性骚扰指控承担责任之前,法院着重考虑雇主为了防止性骚扰的发生是否已经采取了措施,制定了什么制度。法院支持

---

① Yu-HaoYeh, *The Effectiveness of the Whistleblower Protection Under The Sarbanes-Oxley Section* 806 *In Corporate Governance*, University of Kansas, 2011.

② Burlington Indus. v. Ellerth, 524 U. S. 742, 765 (1998).

③ Burlington Indus. v. Ellerth, 524 U. S. 742, 765 (1998).

雇主建立一个系统或者通过决策来防止工作场所的性骚扰而且通过减轻雇主在被控性骚扰时的责任以鼓励内部告发。除此之外，美国一些州支持内部告发优先于外部告发。[①] 尽管这些州在对告发者的保护问题上所采取的标准并不相同，但是它们都有相同的政策，那就是鼓励员工进行内部告发，以使主管的人或部门有机会及时纠正错误。[②] 以缅因州的告发者法规为例，缅因州的法律要求雇员首先向有职权的上司告发，然后给这个人足够的时间回应及纠正错误。[③]

在澳大利亚联邦中，南澳大利亚州、首都领地、昆士兰州以及新南威尔士州在20世纪90年代前期的告发立法也比较看重内部告发机制。南澳大利亚州《告发者保护法》(Whistleblowers Protection Act 1993)规定，告发一定要视案件的情况，向合理且合适的人作出披露。首都领地的《公益披露法》(The Public Interest Disclosure Act of the Australian Capital Territory 1994)规定，一定要设置内部告发渠道，但是没有首先使用内部渠道的义务。在昆士兰州《告发者保护法》(Whistleblowers Protection Act 1994)中也没有强行规定组织必须设置内部渠道，但是，如果有内部渠道，雇员在向政府部门告发之前一定要先使用内部渠道。最后，新南威尔士州《披露保护法》(Protected Disclosures Act 1994 in New South Wales)规定，如果存在内部渠道，必须在向政府部门告发以及向新闻记者告发之前一定要

---

① Yu-HaoYeh, *The Effectiveness of the Whistleblower Protection Under The Sarbanes-Oxley Section* 806 *In Corporate Governance*, University of Kansas, 2011.

② Kevin Rubinstein, *Corporate Governance Five Years After Sarbanes-Oxley: Is There Real Change?*, Law Review of New York Law School, 2008, 52: 654.

③ 26 Me. Rev. Stat. Ann. § 833(2)(2010).

先使用内部渠道。①

四、建立内部公益告发机制

对企业是否必须建立公益告发制度或者建立何种公益告发制度,世界各国的法律并没有规定,只有少数国家的法律规定企业一定要在网站公布其公益告发制度,大多数国家采取的是用"指南"的方式,倡导企业建立有效的公益告发制度。总体来看,无论企业的性质和规模大小,对一个健康的企业公益告发制度来说,这几点最为关键:第一,要有成文的公益告发制度。企业应该通过员工手册、公告栏或者企业网站公布其公益告发制度,并表明对违法行为的零容忍态度。第二,安装告发热线,并允许告发者通过电子邮件、企业内网等多种方式进行告发。在告发的过程中一定要隐匿告发者的身份,除非告发者自己愿意公开。为了保护告发者的身份不被暴露,有的国家还允许公益告发人成立有限责任公司或者有限合伙企业,以这样的企业实体进行告发并利用企业实体领取奖励。② 第三,给予公益告发者合适的奖励。因为公益告发者可能面临多项奖励可以选择,比如,行政部门给予告发者的奖励,或者诉讼得来的奖励(如美国告发人诉讼制度),如果企业希望员工不进行外部告发从而给企业带来更大物质上或者声誉上的损失,一定要给内部告发者合适的奖励,否则,这些人可能会选择去行政部门告发,或者提起告发

---

① Wim Vandekerckhove, *Whistleblowing and Organizational Social Responsibility: A Global Assessment*, Ashgate Publishing, Ltd. ,2006.

② Frederick D. Lipman, *Whistleblowers: Incentives, Disincentives, and Protection Strategies*, John Wiley & Sons, Inc,2012.

人诉讼。

如前所述,因为《萨班斯 - 奥克斯利法案》对企业内部告发制度的极度推荐,在《萨班斯 - 奥克斯利法案》生效之后,企业建立或者修订了它们的内部告发机制和合规程序。一个有效的内部程序将使一些忠诚的有奉献精神的员工进行内部告发。为了保护内部告发,鉴于告发者关心他们是否匿名,一些企业雇用第三方人员专门负责建立匿名热线。第三方机构如 Ethics Point 或 International Ombudsman Association,可以提供热线、网页举报或者案件管理服务。比如,KPMG,一家跨国企业提供审计、税收及咨询服务,雇佣 Ethics Point 以保证合规程序中的机密和匿名。① 在第三方机构收到错误行为的指控时,它们必须将这种违规告知企业合规经理,由合规经理将其报告给证券交易委员会。这些措施的采取,不但可以较好地保护告发者,也可以使企业及时发现自己的错误行为,以便尽早地采取行动来纠正这些行为。

第二节　组织外部告发

一、扩大告发接受者的范围有利于告发

无论是私部门还是公部门,组织一定有其自身利益所在,它们都有可能从违法行为中获益,而且有些组织本身就是以违法行为为

① Shannon Kay Quigley, *Whistleblower Tug-of-War: Corporate Attempts to Secure Internal Reporting Procedures in the Face of External Monetary Incentives Provided by the Dodd-Frank Act*, Santa Clara Law Review, 2012, 52(1): 255 - 296.

生的,单纯依赖组织内部告发通道显然是不够的,更何况,若非法律强制或者提供激励,大部分的组织几乎都没有建立内部造发通道的动力。因此,允许告发者将组织的违法信息向组织外部披露,对于公益告发制度来说是十分必要的。

首先,扩大告发接受者的范围有利于预防或阻止组织违法行为。前已述及,组织因为自身利益所在,自我纠错的动力不强,但是如果告发者将违法信息向组织外部披露,情况就会不同。组织外部有组织监管部门、其他政府部门、法检部门、媒体机构等,这些部门或机构都有可能对违法行为“采取行动”,它们都是合格的告发接受者。如果告发者向这些部门或机构告发,这些主体就有可能利用他们的职权或影响对组织的违法行为采取行动,从而阻止违法行为。比如,行业的主管机构有行政执法权,如果接收到告发者掌握的组织违法信息,就可以对组织进行行政执法,对违法行为进行处罚。

其次,扩大告发接受者的范围对于雇员实施告发是有利的。[①] 告发接受者的范围越大,就意味着可供告发的渠道越多,告发者的选择权也就越大,这自然是有利于实施告发的。对于组织中的新员工来说更是如此。新来者因为缺乏组织中的特殊信任(diosyncrasy credits),他们的告发将不太可能获得支持。因此,他们告发的可信度将被低估而且也将不被上司认可。[②] 此外,对新职员的另外一个不利因素,就是他们不像在组织服务较长时间的老员工那样熟悉告

① Yu-HaoYeh, *The Effectiveness of the Whistleblower Protection Under The Sarbanes-Oxley Section* 806 *In Corporate Governance*, University of Kansas, 2011.

② Janet P. Near et al., *Explaining the Whistleblowing Process: Suggestions from Power Theory and Justice Theory*, Org. Sci., 1993, 4: 393 – 403.

发渠道。因为新员工、低职位员工和非专业员工没有影响组织改变的能力，这些员工一般都会选择进行外部告发，比如向媒体告发或在互联网上进行告发。① 此外，当雇员进行披露的接受者的范围扩大时，告发者的申诉在行政机构和法院中被撤销的概率就越低，而他们的损失也将更容易在行政机构或法院获得赔偿。②

最后，扩大告发接受者的范围有利于保护告发者。扩大接受者的范围可以保证披露不受某一集团的抵制或敷衍应付，也有利于保护告发者。相反，如果限定披露的接受者，则揭发企业错误做法的影响也将受限，在这个时候，我们也可以推断出雇主将占据控制报复后果及组织不法行为的优先地位，雇员对此将无法采取任何行动。③

二、外部告发应扩展到媒体和因特网

大部分的公益告发立法都不允许告发者向媒体或因特网进行告发，比如美国，美国众多的公益告发立法中，只有《虚假请求法》允许员工将媒体作为一种外部告发渠道进行告发。④ 这样处理的初衷可能是要在组织和社会大众之间进行利益平衡，盖因媒体和因特网的巨大影响力可能会给组织带来巨大伤害，所以立法较少赋予告发者向媒体和因特网进行告发的权利。但是，这样的做法显然有违公

① Elletta Sangrey Callahan & Terry Morehead Dworkin, *Who Blows the Whistle to the Media and Why: Organizational Characteristics of Media Whistleblowers*, Am. Bus. L. J., 1994, 32:164.

② Yu-HaoYeh, *The Effectiveness of the Whistleblower Protection Under The Sarbanes-Oxley Section* 806 *In Corporate Governance*, University of Kansas, 2011.

③ Yu-HaoYeh, *The Effectiveness of the Whistleblower Protection Under The Sarbanes-Oxley Section* 806 *In Corporate Governance*, University of Kansas, 2011.

④ False Claims Act (FCA) of 1863, 31 U. S. C. § § 3729 – 3733 (2010).

益告发制度的本意，也在无形当中为告发者制造了许多障碍。在告发者秉持善意进行内部告发没有得到回应后，他可以向外部监管机构进行告发，如果监管机构也袖手旁观，应允许告发者将告发渠道扩展到媒体和因特网。

媒体告发有诸多的便利条件，可以帮助企业员工更好地实现他们的告发目标。[①] 首先，因为媒体的披露可能会给企业带来负面的宣传并对企业的表现和美好愿景带来负面影响，这种损害性的后果会使企业尽力防止任何错误的行为在工作场所发生并迫使它们去纠正这种错误。[②] 其次，媒体可以帮助公众监督政府，监督政府是否开始采取行动，是否在告发之后进行调查。媒体的功能不仅使政府在告发问题上倾注更多心血，也可以减少政府机构变成组织错误行为的同谋因而对告发消极应付的可能性。[③] 最后，媒体与爆料人（告发者）之间的保密关系可以防止试图隐藏组织腐败的管理层或第三方封锁信息。这种保密性质可以支持告发者采取进一步的行动，也可以保护他们免受来自雇主或他们服务的公司的报复。

因特网告发也有不少的优势：[④]第一，因特网告发者可以接触到更多的用户，他们可能比媒体的受众更多。因为因特网不受时间、地域和范围的限制，有时，因特网告发者有能力接触到正确的用户，

---

① Yu-HaoYeh, *The Effectiveness of the Whistleblower Protection Under The Sarbanes-Oxley Section* 806 *In Corporate Governance*, University of Kansas, 2011.

② Andres Cowan, *Scarlet Letters for Corporations? Punishment by Publicity under the New Sentencing Guidelines*, S. Cal. L. Rev., 1993, 65: 2387.

③ Terry Morehead Dworkin & Elletta Sangrey Callahan, *Employee Disclosures to the Media: When is a "Source" a "Sourcerer"?*, Hastings Comm. & Ent. L. J., 1993, 15: 357-386.

④ Yu-HaoYeh, *The Effectiveness of the Whistleblower Protection Under The Sarbanes-Oxley Section* 806 *In Corporate Governance*, University of Kansas, 2011.

比如,企业的股东,监管机构或顾客。此外,由于因特网强大的信息传播能力,它能够引起政府的注意并对告发进行调查,进而影响企业的行为以纠正错误。第二,基于因特网的特性,信息提供者可以很好地保密并进行匿名举报。就像媒体告发者,因特网告发者也不必担心为暴露给第三方或招致雇主或组织的报复。第三,因特网告发者不必迎合媒体的兴趣,有揭露各种企业错误行为的自由。原因是媒体趋向于选择并传播公众感兴趣的新闻以便从中获利并获得更多的听众。然而,具有新闻价值的信息却会减损告发的功能,因为并不是每个公民都对社会中发生的相同事情感兴趣。第四,因特网告发者有能力控制是否散布信息。他们的告发不会受到媒体的抵制——因为媒体所肩负的社会责任,媒体与竞争者之间的利益冲突,或其他来自政府、被控的企业或利益相关的第三方的压力。

当然,随着信息技术及社会的发展,媒体与因特网已经融为一体,它们之间早已不再有清晰的界限。几乎所有的媒体都在利用因特网收集素材、传播和扩大自己的影响力,在媒体上发表的信息,几乎同时就可以发布在因特网上。因此,本书将在第五章中把媒体与因特网同列,作为外部告发的最外面一层的告发接受者。

三、外部告发的时间

虽然实证研究显示,几乎所有的公益告发者的第一次告发都会选择在企业内部告发,[①]但是,从组织雇员的角度来看,外部告发的优势显然远胜内部告发,因此,精明的员工可能更愿意选择外部告

① Marcia P. Miceli & Janet P. Near, *What Makes Whistleblowers Effective? Three Field Studies*, Human Relations, 2002(4):455 – 479.

发:其一,外部告发一般都伴随着奖励。为了鼓励组织员工进行告发,许多国家的公益告发制度都设置了告发奖励制度,为选择外部告发的员工提供一定数量的奖励。只要告发者能够成功地告发并导致组织的违法行为受到了应得的惩罚,他就可以获得奖励。即使是媒体机构,至少也会为告发者提供爆料奖励,这些奖励使外部告发看起来比内部告发要诱人得多。其二,外部告发能够更好地阻止组织的违法行为,关心组织违法行为是否阻止的告发者也会乐于选择外部告发。基于告发所积累的经验,这些员工知道,无论组织内部的哪一个人或机构进行告发都存在一些缺陷,这些不足将影响告发的效果。但是,如果向外部告发,特别是向媒体告发,他们关心的事情将不会被忽视,更容易解决。而且,他们也将收到有意义的反馈,而不是像在工作场所中那样被当作一个讨厌的抱怨者。如上所述,基于外部告发的优势,告发者应该会更倾向于选择外部告发,这将导致内部告发通道被虚设,而且也更容易给组织带来伤害。

如何平衡组织与社会公众之间的利益是公益告发渠道设置的难点:如果不允许外部告发,那么告发制度根本无法发挥应有的作用;如果随时都可以进行外部告发,那么组织利益的保护又将成为问题。在我国,以针对企业环境违法行为的告发为例,其外部告发的渠道也是多种多样的,至少包括以下几种:第一,环保局。环保局是环境保护行政执法机构,对企业的环境违法行为负有查处的职责,环保局可以对企业环境违法行为进行行政处罚,从而迫使企业纠正环境违法行为。第二,公安机关。在企业行为涉嫌环境犯罪的情形下,企业员工可以向公安机关进行告发,这种告发就类似于刑事诉讼法中所谓的“检举”。第三,信访部门。它也是较好的公益告发机构之一。第四,媒体。媒体包括电视台、广播、报纸、杂志等,这些机构可以通过它们强大的舆论能力对企业形成实质上的压力,从而纠正企业的环境违法行为。如果允许告发者直接进行外部告发,动辄将组织违法行为向环保局、公安机关和信访部门告发,不但可能因为并不属实的告发使企业的声誉受损,并遭受这些部门严格的检查,还可能浪费宝贵的行政资源或媒体资源。

由于外部告发可能给企业带来较大的伤害,甚至灾难性的后果,各国的法律一般都优先考虑企业内部告发,只有在没有内部告发渠道,或者内部告发没有效果的情况下,才允许员工进行外部告发。相较于内部告发,这些国家的法律对外部告发往往设立更高的门槛,提高外部告发者受到法律保护的条件,比如,英国《公益披露法》第 43G 条第 2 款及美国《萨班斯 - 奥克斯利法案》第 806 节的规定就是如此。此外,一般来说,雇员对外部告发是必要的这一事实负有举证责任,因为他们合理地相信内部告发将是无效的,而且他们将不会从管理层那里获得满意的、友好的回应。同理,如果告发的事项属于紧急、危险或者对公众十分重要且不能通过内部告发解决时,将企业错误行为向外部告发是被允许的。从企业外部告发的多种渠道来看,向媒体机构的告发不同于向环保局、公安机关和信访部门的告发,因为媒体机构的巨大影响力,它对企业可能造成的影响显然会大于后面这几个机构,因而更应当谨慎。有学者建议,只有当企业内部通道和其他外部通道都已经失效的情况下,才可以向媒体机构进行告发。[①]

---

① Jenny Mendelsohn, *Calling the Boss or Calling the Press: A Comparison of British and American Responses to Internal and External Whistleblowing*, Washington University Global Studies Law Review. 2009(4).

表3－2为各国公益告发立法中关于外部告发条件的规定。

表3－2　各国公益告发立法中关于外部告发条件的规定

公益告发法律名称	外部告发的条件
英国《公益披露法》第43G条第2款	(1)劳动者在披露时合理相信如果他向他的雇主或依照第43F节进行披露将受到来自雇主的伤害; (2)在相关破坏并没有第43F节所规定的指定的人时,劳动者合理相信如果他向雇主披露,与相关破坏相关的证据将被隐匿或毁坏;或 (3)劳动者此前已经进行了与本次披露大体相同的信息披露但并未产生积极的后果
美国《萨班斯－奥克斯利法案》第806节	(1)有理由相信雇主不会立即采取善意的行动来解决问题; (2)有理由相信事发紧急; (3)有理由相信他的告发将招致报复行动①
德国《告发者法案》	(1)对社会以及人们的生命和健康有着紧急的危险; (2)涉及刑事犯罪; (3)如果不告发将使不法情事更加复杂; (4)告发者有足够的理由相信内部告发无济于事②

① Kevin Rubinstein, *Corporate Governance Five Years After Sarbanes-Oxley: Is There Real Change?*, Law Review of New York Law School, 2008, 52: 651.

② Vandekerckhove W., *European Whistleblower Protection: Tiers or Tears?*, in Edward Elgar, A Global Approach to Public Interest Disclosure, Cheltenham/Northampton MA, 2010: 15－35.

续表

公益告发法律名称	外部告发的条件
瑞士《告发者保护法案》	(1)如果内部告发后,雇主没有采取行动来纠正其不法行为。 (2)有足够的理由相信雇主将不会采取行动。 (3)如果不外部告发,将无法对不法情事进行公诉(prosecution)。 (4)存在危险。如果职能部门不采取行动或者有足够的理由相信他们不会采取行动,员工可以向媒体或非政府组织告发①
欧盟委员会《工作人员规章》	告发者可以进一步告发到欧盟委员会的主席、审计法院(Court of Auditors)、欧盟理事会(Council)、欧洲议会(European Parliament)或欧盟监事(European Ombudsperson),如果: (1)告发者诚实且合理地相信告发的信息是真实的; (2)告发者首先向反欺诈局或他自己所在的机构告发,并被告知他们需要一段时间的处理期,而在期间结束后,他们也都没有采取行动

第三节　向法院告发(告发人诉讼)

一、告发人诉讼的历史

告发人诉讼也是告发者可供选择的告发渠道之一,目前,美国

① Vandekerckhove W., *European Whistleblower Protection: Tiers or tears?*, in Edward Elgar, A Global Approach to Public Interest Disclosure, Cheltenham/Northampton MA, 2010: 15 – 35.

和南非都存在告发人诉讼制度。告发人诉讼在英国也存在过很长一段时间,但是后来被废除了。下面以美国的告发人诉讼制度为例,介绍这一特殊但常用的告发渠道。

在美国南北战争时期,林肯总统饱受军火供应商欺骗之苦。军火商在向前线部队供应军火和食物时经常造假,以此来骗取政府的钱。他们将锯屑装满武器箱,冒充武器卖给部队,当部队在前线打开武器箱时,根本就找不到他们所购买的枪支;骑兵部队也常发现他们对同一匹马付过两次或者三次钱。在这样的背景之下,1863 年 3 月 2 日,林肯总统签署了《虚假请求法》打击严重欺诈政府的军火供应商。因系林肯总统签署,这个法也被称为"林肯法"。此外,因该法鼓励告发欺骗政府的军火供应商,起诉者多是告发者,该法也被称为"告密者法"。原始版本的《虚假请求法》禁止各种欺诈政府,从政府骗取金钱的行为。[①] 在原始版的《虚假请求法》的规定中,被告将面临民事和刑事的双重惩罚。除须负刑责之外,每一个虚假的请求还将面临 2000 美元的罚金外加政府所受实际损失的 2 倍的罚金。[②] 在 1868 年《虚假请求法》的规定中,举报的个人被称为"告发者",他可以提起告发人诉讼来获得救济(remedy),这个告发者有权获得总赔偿款的 1/2。告发人诉讼的立法宗旨在于鼓励私人告发针对政府的欺诈行为,否则,这种行为将无从被发觉。简单地讲,政府

---

① United States ex rel. Graber v. City of New York, 8 F. Supp. 2d 343, 352 (S. D. N. Y. 1998).

② False Claims Act, ch. 67, § 3 Stat. 696 – 99 (1863) [current version at 31 U. S. C. § § 3729 – 33 (2000)].

希望这种金钱上的激励可以促进联邦法律的私人执行。[①] 尽管《虚假请求法》的立法历史表明其主要规制对象是军队的供应商，但是该法也被应用到所有政府供应商实施的欺诈行为中。

二、告发人诉讼制度的修订

100 多年以来，美国国会对《虚假请求法》进行了两次修订，最近一次大的修订是在 1986 年。这次修订的目的是“为愿意告发的内部人提高激励，但是要阻止那些投机取巧的原告”。[②] 虽然告发者可以获得的提成减少了，但是整体来讲这次的修订为愿意对违法行为进行告发的人提供了更大的激励。《虚假请求法》中几处关键的修订内容如下：其一，减少了告发者可以获得的赔偿款的比例。在原始版本的《虚假请求法》中，告发者可以获得政府从欺骗者处取得的赔偿款的 50% 的奖励，此次修订之后，该比例大幅下调：如果政府介入告发人提起的诉讼，告发者奖励的比例为 15% ~25%，再加上合理的支出及律师费用；如果政府拒绝介入，告发者(原告)可以获得 25% ~30% 的赔偿，外加合理的支出及律师费用。[③] 其二，提高了罚金的数额。原始版本的《虚假请求法》为每个请求 2000 美元加政府实际损失 2 倍的赔偿，此次修订为最少 5000 ~10,000 美元，再加上政府实际损失 3 倍的赔偿。[④] 考虑通货膨胀的因素，罚金的数额每

---

① Joel M. Androphy & Mark A. , *Correro. Whistleblower and Federal Qui Tam Litigation—Suing The Corporation For Fraud*, South Texas Law Review, 2003, 45:23 – 87.

② United States ex rel. Lujan v. Hughes Aircraft Co. , 243 F. 3d 1181, 1187 (9th Cir. 2001).

③ 31 U. S. C. § 3730(d)(2)(2000).

④ 31 U. S. C. § 3729(a)(2000).

年都会作调整,2004 年 1 月 1 日生效的一个参议院的法案《处方药和医疗保险改革法案》[①]将这个数额调整为 7500 ~ 15,000 美元。其三,取消了原来的"政府知情限制"(government knowledge bar),变为"公开披露限制"。在对鼓励告发者提起的诉讼来说,是一个十分关键的修订。除非告发者据以起诉的信息是基于刑事、民事或行政听证,国会、行政机关或政府的会计报告,听证,审计或调查,或新闻媒体所公开披露的指信息,否则告发者都可能获得起诉资格。这比原来采取的"政府知情限制"要宽松得多,这也导致在此次修订之后,告发人诉讼案大量增加。其四,减轻了告发者的举证责任,恢复了一般民事诉讼中的"优势证据"标准(preponderance of the evidence),取消了原来证明被告"特定故意"(specific intent)的必要,让被告为自己的对事实的"故意无视"(deliberate ignorance)或"不计后果"(reckless disregard)的行为承担责任。[②] 其五,国会还延长了时效,从原来的 6 年变成 10 年。[③] 旧法规定的时效为 6 年,告发人必须在欺诈行为发生之日起 6 年内提起诉讼。现在,政府或代表自己的告发人必须在虚假请求递交 6 年内提起诉讼,或在政府知悉虚假请求事项后 3 年内提起,最长不能超过 10 年。此次修订之后,《虚假请求法》成为对欺诈政府行为的强有力的威慑力量,1986 年的修订也导致告发人诉讼的大量增加以及告发获得赔偿的增加,欺诈政府的

---

① Prescription Drug and Medicare Improvement Act of 2003, S. 1, 108th Cong. § 612 (2003).

② 31 U. S. C. § 3729(b)(2000).

③ 31 U. S. C. § 3731(b)(1) - (2)(2000).

成本变得越来越高,被发现的概率也不断增加,后果也愈发严重。①

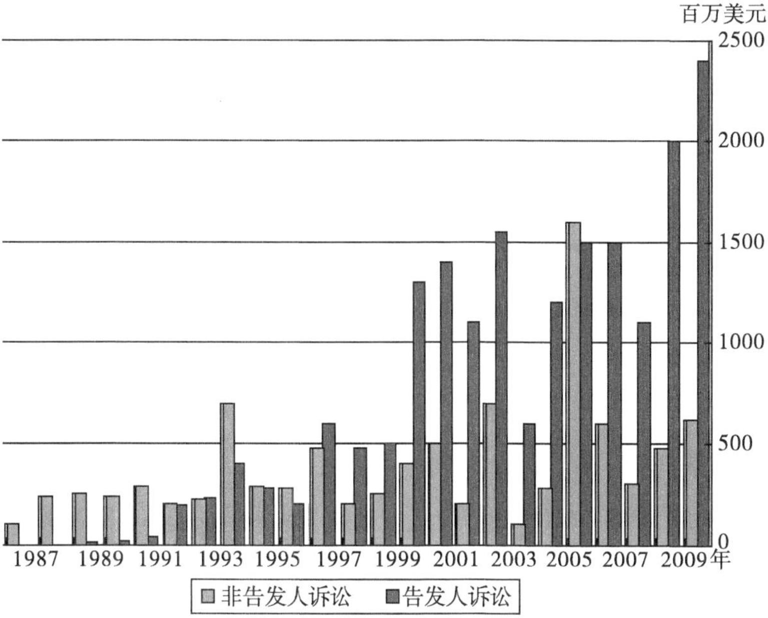

图 3－1　美国反欺诈政府追回款②

时间:1987 年 10 月 1 日至 2010 年 9 月 30 日。

三、告发人诉讼的典型案件

在美国,告发人诉讼案件主要集中于卫生保健和政府采购两大领域,近年来,医疗保健和医疗辅助方案(medicare and medicaid

① Joel M. Androphy & Mark A. Correro, *Whistleblower and Federal Qui Tam Litigation—Suing The Corporation For Fraud*, South Texas Law Review, 2003, 45:23－87.

② Kim Sawyer, *Lincoln's Law: An Analysis of An Australian False Claims Act*, Melbourne Historical and Philosophical Studies, 2011, 33, p. 14, figure 1.

schemes)已经成为美国司法部调查的主要目标。卫生保健行业的欺诈大量存在,对美国保健系统的财政稳定造成了巨大威胁。美国健康和公众服务部的检察长 Janet Rehnquist 在国会作证说,这个部门为虚假申请支付了大量的金钱,仅次于在预防生化恐怖活动上的支出。[①] 卫生保健行业的虚假请求主要有三种形式:[②](1)最佳价格(best price)。联邦法律要求药品生产商在医保覆盖药品上给予州政府一定数量的“回扣”来保证药品的定价一定是“最佳价格”,但是要决定一个药品的“最佳价格”其实是非常难的,加之决定药品价格的体系较为复杂,任何错误,有意的或者无意的都可能导致药品生产商付给州政府的“回扣”偏低,有些药品生产商往往就利用这些复杂的程序来欺骗政府。(2)超适应症卖药(off-label)。有些药品生产商为了收回药品研发的高额成本,常常会将药品的适应症标得很宽泛,以迎合更多的药品消费者的需求,这样就可以卖更多的药,赚取更多的钱,这也是这个领域常见的欺骗政府的行为。(3)设备不足(facility deficiencies)。因为过度医疗已经为法律禁止,一些长期经营的保健机构于是反其道而行之,以减少服务质量来骗取政府的资金,比如,他们会减少试验的次数、投入更少的设备、减少雇员和向专家转诊病人。

此外,政府采购也是告发人诉讼高发的领域。《虚假请求法》的颁布就是为了规制军备采购中对政府的欺诈行为,内战过去

---

① Department of Health and Human Services Office of Inspector General Fiscal Year 2003 Budget Request,108th Cong. (2002)(statement of Janet Rehnquist,Inspector General).

② Joel M. Androphy & Mark A. Correro, *Whistleblower and Federal Qui Tam Litigation—Suing The Corporation For Fraud*, South Texas Law Review,2003,45:23 – 87.

100多年了,这一领域仍然是《虚假请求法》关注的重点。这100多年间,美国的经济和工业都发展迅速,过去那种供应食物或装备的简单合同已经不复存在,取而代之的是复杂的商业交易合同。随着这些合同的日益复杂,欺诈的方式也变得越来越巧妙。供应商蒙骗政府的两种方式是:[①]第一,在申请联邦贷款时欺骗;第二,提供虚假的证明来证明符合政府采购合同的要求。即使是一个经验丰富的律师,有时候也难以确定供应商的行为是否已经违反了《虚假请求法》。

四、告发人诉讼的程序规定

当准备提起一个 *Qui Tam*[②] 诉讼时,告发者需要准备的最重要的文件就是披露声明。告发者必须向政府提供他"持有的基本上所有物证和信息的书面披露"(written disclosure of substantially all),这个要求的主要目的在于"提供给美国政府以指控欺诈的足够信息,以便让政府考虑是否加入诉讼或者让告发者单独进行诉讼"。披露声明究竟应包括哪些内容,目前并无统一的规定,有些人认为可以包括告发者对案件的法理分析,但也有一些联邦巡回法庭认为披露只能叙述相关的事实。[③] 站在告发者的角度来看,

① Department of Health and Human Services Office of Inspector General Fiscal Year 2003 Budget Request, 108th Cong (2002) (statement of Janet Rehnquist, Inspector General).

② 拉丁语,意为要求取得罚金的起诉。

③ United States ex rel. O'Keefe v. McDonnell Douglas Corp., 918 F. Supp. 1338, 1346 (E. D. Mo. 1996); United States ex rel. Burns v. A. D. Roe Co., 904 F. Supp. 592, 594 (W. D. Ky. 1995); United States ex rel. Robinson v. Northrop Corp., 824 F. Supp. 830, 838 – 39 (N. D. Ill. 1993); United States ex rel. Stone v. Rockwell Intern. Corp., 144 F. R. D. 396, 401 (D. Colo. 1992).

如果告发者希望政府接管案件，那就应该将披露声明做得尽可能完备，如果太过简单，让政府觉得告发者的观点并没有证据可以支持，那么政府就很有可能不会接管案件；如果告发者希望获得更高比例的奖励，不希望政府介入案件，那么就不必太过详细。

告发者在向政府递交披露声明之后，就可以提起诉讼（filing the complaint）。告发者的起诉至少会保密60天，①以便联邦法院和司法部对告发者的起诉进行审查。联邦法院对告发人诉讼的审查主要集中于两个方面：其一，告发者是不是最先起诉者。对于相同的起诉案，美国的法律只允许最先起诉者进行诉讼，第二个起诉的人无论与案件有何等密切的联系，他的案件也不会被法院受理。其二，告发者提起诉讼所依据的信息是否已经在公开渠道披露过，如果已经披露过，他的诉讼就会被法院撤销。美国司法部对告发人诉讼案件的审查，主要集中于告发者的诉求和证据材料，以便决定要对告发者的案件作出何种处理。在司法实践中，这种审查和调查往往持续一两年。

在美国司法部对告发者的诉求和证据进行审查之后，它可能选择接管诉讼，②也可能拒绝接管，③或者撤销案件，④或者尝试在正式

---

① 31 U.S.C. § 3730(b)(2).

② 31 U.S.C. § 3730(b)(4)(a).

③ 31 U.S.C. § 3730(b)(4)(b). 告发者仍可单独进行诉讼。

④ 31 U.S.C. § 3730(b)(1). 在法院告知和听证程序过后，这个案件将被撤销。31 U.S.C. § 3730(c)(2)(A).

调查之前和解解决案件。[①] 下面我们分别介绍这几种情形。

1. 政府接管案件。根据法律的规定，如果政府选择介入诉讼，它将负起起诉这个案件的主要责任而且也可以限制告发者在诉讼中的作用。然而，在政府接管案件的情况下，《虚假请求法》仍然允许告发者继续参加，对告发者的限制也仅限于几种情形，比如，法庭可能限制告发者申请出庭的证人数量，证人作证的时间，以及对告发者交叉询问的时间，所有这些限制都由法官的自由裁量。《虚假请求法》同时还有一些附加条款来限制告发者在诉讼中的作用，比如，《虚假请求法》允许政府在任何时候介入诉讼，只要它有"正当理由"(good cause)。[②] 此外，当告发者的诉讼"将影响政府基于相同事实而引发的刑事或民事案件的调查和起诉时"，《虚假请求法》允许美国司法部继续调查(stay discovery)。《虚假请求法》也允许政府对案件采取替代性救济措施，比如行政救济。[③]

如前所述，在政府接管案件的情形下，《虚假请求法》允许告发者获得至少15%的赔偿款，即使告发者只是向联邦法院提起诉讼(file the action)然后允许政府起诉他的案件。当然，从经济角度来看，告发者选择袖手旁边当然是错误的，因为他可以获得更多的赔偿。如果告发者主动帮助调查，国会给予的奖励最高可以达到25%。

2. 政府拒绝接管案件。一般来说，告发者从一开始就应该积极

---

① 31 U. S. C. § 3730(c)(2)(B). 只有法院经过听证程序后决定，认为政府的措施在当前的情形下是公平、足够和合理的情况下，政府才可以这样做。

② 31 U. S. C. §3730(c)(3).

③ 31 U. S. C. § 3730(c)(5).

准备诉讼,要假定政府不会接管案件。从数据统计情况来看,政府只介入了大约22%的告发人诉讼案件。(根据对2002年Qui Tam的统计,3357个案件,政府只介入了750个,这不包括891个正在接受调查的案件)如果政府不介入案件,告发者将有权利也有义务将诉讼进行下去。政府的角色则仅限于在诉讼过程中接收书面证词和诉状的副本。如果政府决定不介入案件,司法部将给告发者一份拒绝信(declination letter),并告知告发者继续诉讼的责任和义务。在告发者收到拒绝信后,案件将取消保密状态,告发者有120天的时间送达被告。

3. 撤销案件。美国司法部如果觉得告发者提起的诉讼没有什么实际意义,它有权撤销案件,在撤销决定送达告发者之后,告发者有进行申诉的权利。

4. 尝试和解解决案件。如果美国司法部决定撤销案件,在通知告发者并为之提供申述机会后,美国司法部也可以与被告人进行庭外和解。

五、告发人诉讼的其他规定

其一,告发者的证明责任。① 告发者必须证明被告违反了《虚假请求法》:(1)这个(要求政府付钱的)“申请”是由被告提交的或者是由于被告的原因而由第三方提交的;(2)递交这个申请是出于故意(knowingly);(3)这个申请必须是虚假的或者带有欺诈性质的。

其二,特殊告发者起诉问题:(1)军队人员。如果告发者是军方

---

① Joel M. Androphy & Mark A. Correro, *Whistleblower and Federal Qui Tam Litigation—Suing The Corporation For Fraud*, South Texas Law Review, 2003, 45:23-87.

人员（现在或者从前的），将会带来一些问题，因为《虚假请求法》禁止“从前的或者现在的军方人员（告发者）针对（另一）军方成员”。[①]当然，这并没有禁止一个军队人员作为告发者针对政府供应商提起告发人诉讼。(2)政府雇员。在司法实践中，政府雇员能否提起《虚假请求法》诉讼一直都是模糊不清的，当然，在本质上，并没有排除政府雇员提起《虚假请求法》诉讼。总体来讲，只要政府雇员不对国会成员、法官或者执行机构的高级成员提起《虚假请求法》诉讼，他们就是适格的原告。[②]

---

① 31 U.S.C. § 3730(e)(1)(2000).

② Joel M. Androphy & Mark A. Correro, *Whistleblower and Federal Qui Tam Litigation—Suing The Corporation For Fraud*, South Texas Law Review, 2003, 45:23–87.

第四章　公益告发的核心制度

第一节　公益告发奖励制度

一、公益告发激励的基本理论

告发者选择做组织的“叛徒”的原因可能是多种多样的,但是外在的激励肯定是一个重要的因素。由于告发者所面临的风险,比如受到同事的排挤和组织的报复,经受精神上的煎熬以及存在被解雇的风险,甚至人身安全和家人安全都受到威胁,因此对于告发者以制度激励从来都是非常重要的。如果没有一定的奖励,告发者可能会担心告发会给自己带来的不利后果,从而选择沉默。以美国的做法为例,奖励的数额一般是披露信息而获得总罚金的一定的百分比,这使告发者有经济上的动机来披露违法行为,这种动机往往可以克服因告发所带来的巨大的负面影响。

美国的公益告发制度在激励方面一直都是十分慷慨的:按照已经颁布100多年的告发人诉讼制

度的规定,在这个制度最初施行的时候,告发者如果对虚假请求者提起诉讼,最多可以获得 50% 的赔偿款,即使是国会后来调低了这个比例,告发者可以获得的赔偿款比例有时也可以高达 30% 。按照《多德 - 弗兰克法案》的规定,告发者可以获得 10% ~30% 的赔偿款,由于证券违法数额往往巨大,告发者可以获得的奖励也是十分可观的。我们再看看《防止船舶污染法》,该法规定告发者可以获得依照该法对违法者处罚的 1/2 的罚金,可见该法对告发者奖励的重视程度。2010 年9 月和2011 年5 月,两艘船上的船员告发船舶行为违反了《防止船舶污染法》的规定,经海关调查后,两船分别被处以 100 万美元和 250 万美元的罚金,告发者也因此分别获得了 50 万美元和 125 万美元的奖励。[①]

"想象一下,麦道夫(Madoff)的骗局涉及 500 亿美元的资金,我们只要拿出 10% 来奖励告发者。这是尽快阻止欺诈的最简单的方法。"在新的《多德 - 弗兰克法案》告发者奖励制度下,这确实是 Bernie Madoff [②]丑闻的告发者 Harry Markopolos 可以获得的奖励。事实上,在新的制度下(program),10% 只是最低限度的奖励,最高可能的奖励是 30% 。数以百万,甚至数以亿计的金钱奖励给告发者,这个制度的重要性是显而易见的。

当然,对告发者进行奖励显然也不是那么简单的问题,因为对

---

① Professional Mariner, Ship manager to pay $4M for oil-pollution repeat offense[EB/OL], http://www.professionalmariner.com/December-January-2010/Ship-manager-to-pay-4M-for-oil-pollution-repeat-offense/,2010 - 09 - 27. U. S. Department of Justice. Tanker Company Fined $4.9 Million for Falsifying Records and Obstruction of Justice[EB/OL]. http://www.justice.gov/opa/pr/2007/December/07_enrd_1012.html,2007 - 12 - 14.

② 美国历史上最大的诈骗案制造者。

告发者的奖励会带来多方利益的冲突。“所有的告发激励制度的固有问题是：利用一个‘无赖’去抓住一个‘无赖’所导致的内在冲突。”①告发者奖励项目利用他们可能并不信任的告发者来抓住他们不信任的骗子。因此，冲突便不可避免了。告发者提供了一个十分有价值的服务，他们可以挖出政府无权做到或者没有能力做到的事情，挖出骗子。② 然后，利用这样一个“无赖”来完成维护公共利益不受损害的目标。我们必须意识到，告发者可能存在的“无赖”天性是由奖励激发出来的。因此，在任何一个告发者奖励项目下，三种相互竞争的利益必须得到平衡：(1)披露组织错误做法的员工的利益；(2)雇主为了最大限度提高效率的利益；(3)整个社会为了鼓励法治和责任存在的利益。③ 这三种利益的平衡显然并非奖励项目可以解决的，一定要结合其他公益告发的重要制度方可奏效，比如对告发者的保护以及告发通道的设置都至为重要。

对告发者的激励可能来自两个方面：组织内部的激励和组织外部的激励。这两个方面的激励也存在相互竞争的问题：如果组织内部不鼓励告发，没有形成告发的文化，对告发不给予激励，甚至是打压告发，那么，组织内部的告发者可能会为了获得外部奖励而径行向外部告发，这样难免会损害组织的利益；如果缺乏外部的奖励，或者奖励较小，组织雇员就会倾向于不告发，或者仅在内部告发（在组

---

① Patrick A. Barthle Ⅱ, *Whistling Rogues: A Comparative Analysis of the Dodd-Frank Whistleblower Bounty Program*, Wash. & Lee L. Rev., 2012, 69: 1201 – 1257.

② See Geoffrey Christopher Rapp, *Beyond Protection: Invigorating Incentives for Sarbanes-Oxley Corporate and Securities Fraud Whistleblowers*, B. U. L. Rev. 2007, 87(91): 109.

③ Terry Dworkin & Elletta Callahan, *Internal Whistleblowing: Protecting the Interests of the Employee, the Organization, and Society*, AM. BUS. L. J., 1991, 29: 267, 268.

织对告发者提供激励的情况下)，这样，社会公众的利益可能就会存在危险。因此，组织内部和外部的激励措施存在一个需要平衡的问题。

二、典型的公益告发奖励制度

(一)《多德－弗兰克法案》的奖励

政府反腐败的努力经常受制于机会成本和信息缺乏，《多德－弗兰克法案》的修订把这两个问题都解决了。① 在《多德－弗兰克法案》颁布及 IRS(美国国家税务局的奖励项目)修订之前，告发者的奖励主要来自对《虚假请求法》、相似的州颁布的《虚假请求法》以及其他法律(如《防止船舶污染法》《专利虚假标记法》《海关法》)的违反的告发。《多德－弗兰克法案》极大地扩展了这些告发奖励项目中所谓的"对法律的违反"。《多德－弗兰克法案》规定，只要能导致负责《证券和期货法》执法的司法或行政机关的成功的执行行动，如果"命令支付"(ordered to be paid)(包括罚金、追缴的非法所得及利息)高于100万美元，提供"原始信息"的告发者就可以获得不少于10%、不多于30%的奖励。② 因此，告发者可以获得的最少奖励是10万美元，可以获得的最高奖励数额是没有限定的。例如，西门子因为违反《国外腐败行为法案》(Foreign Corrupt Practices Act)，被处罚了8亿美元，向证券交易委员会提供原始信息的告发者可以获得的最少奖励是8000万美元，最高可以达到2.4亿美元，这比抽中任

---

① Frederick D. Lipman, *Whistleblowers: Incentives, Disincentives, and Protection Strategies*, John Wiley & Sons, Inc, 2011.

② See SEC Rule 21 F.4(e).

何一个彩票大奖可能获得的金钱还要多。相比之下，在此之前，证券交易委员会支付给告发者的奖金显然不够大方。

"原始信息"主要有以下三个来源：(1)来自告发者的独立见闻和分析；(2)在告发者提供原始信息之前，证券交易委员会没有从任何其他途径获知这一信息；(3)在告发者提供原始信息之前，没有任何的司法或行政听证、政府报告，听证，审计，调查或媒体曾获知这一信息。一个潜在的告发者可能需要律师的帮助，最好是证券法方面的专业律师，来识别何是"原始信息"，然后将其提供给证券委员会。① 在 Karen Kaiser 的案件②中，就是处理他们离婚和财产分割的律师发现了"原始信息"。

（二）美国国税局奖励项目

美国国家税务局(Internal Revenue Service)的奖励项目是依照《税收减免和医疗保健法案》(Tax Relief and Healthcare Act of 2006)建立的。与证券交易委员会设立的《多德－弗兰克法案》和旧的78U 项目相似，国税局奖励项目的建立也是为了加强一个从 1867 年就已经成立的奖励项目，只是看起并不那么有效。③ 这个新的项目建立后在已经有 140 年历史的《国内税收法》(Internal Revenue Code)第 7623 条中增加了一个细目(b)。7623(a)项目与 78U 项目类似，奖励的数额完全由专员(commissioner)自由裁量。时至今日，

① Frederick D. Lipman, *Whistleblowers: Incentives, Disincentives, and Protection Strategies*, John Wiley & Sons, Inc, 2011.

② 2010 年 7 月 23 日，美国证券和期货交易委员会宣布奖励给 Glen Kaiser 和 Karen Kaiser 100 万美元，因为他们向证券交易委员会提供了微软公司内部交易的信息。

③ Patrick A. Barthle Ⅱ, *Whistling Rogues: A Comparative Analysis of the Dodd-Frank Whistleblower Bounty Program*, Wash. & Lee L. Rev., 2012, 69: 1201－1257.

7623(a)项目仍然有效,如果告发者的申请不符合(b)的要求,还可以适用(a)。《多德－弗兰克法案》项目与IRC7623(b)项目极为相似。7623(b)(1)规定,如果美国国税局秘书基于告发者提供的信息进一步进行行政或者司法程序,告发者可以获得15%～30%的罚金作为奖励。这种信息必须是少缴了税款或者违反了税法有关。7623(b)则较为限制,然而,它不但针对公司也针对个人,但是如果对个人采取行动,则个人在有争议的一个纳税年度内总收入应超过20万美元。此外,如果争议的税款额超过200万美元,则两个细目都可触发。如果达不到这个数额,则只能回归到7623(a)。根据7623(b)起诉的告发者有权针对他们的申请(claims)和奖励在税法法院(Tax Court)申请司法审查。[①] 当然,这种上诉(appeal)必须在奖金数额确定后的30天之内提出。

自从7623(b)于2006年通过之后,美国国税局收到的告发数量显著增加:2007年(财政年度)共收到2751个告发案,到了2009年,这个数字就达到了5678个,在3年之内,告发案的数量就翻了一番。[②] 2007～2009年,总共给告发者发放了41,822,569美元的奖励,因为告发者的努力,欠缴的税款达543,802,993美元被征收了。财政部税务管理监察长发现告发者在少报收入方面披露的数额为650亿(65 billion)美元,在2007年,这个数字仅为80亿美元。值得一提的是,2003～2006年,IRS通过告发者项目(whistleblower program)完成的征收案没有一例是超过200万美元的,但是到了

① See I. R. C. § 7623(b)(4)(2006).

② IRS,FY 2009 Annual Report To Congress On The Use Of Section 7623 7－8[EB/OL],[2010－01－05]www. irs. gov/pub/irs-utl/whistleblowerfy09rtc. pdf.

2007年，新的7623(b)生效后的一年内，有12例超过200万美元的征收案，2008年和2009年的总和为13例超过200万美元的征收案。[①] 以上的数字显示7623(b)项目导致告发数量的增多，同时告发者获得奖励的数量也大大增加，但是这个项目存在一个问题：那就是告发者等待奖励的时间通常会很长，一定要等到纳税人的上诉期限过了以后，告发者才可以得到奖励。有时候这个时间会长达两年。[②]

（三）联邦《虚假请求法》

美国国税局奖励项目和《多德－弗兰克法案》的奖励从许多方面来看，都是以《虚假请求法》为模板的。《虚假请求法》规定了告发人诉讼，拥有错误做法的信息（欺骗政府的行为）的私人（告发者）可以以美国的名义提起诉讼，他将取得胜诉后的罚金的一部分作为回报。[③]《虚假请求法》于1863年通过，但是，内战过后直到1930年的这段时间内，《虚假请求法》却基本上处于休眠状态。20世纪三四十年代，正值罗斯福新政和第二次世界大战期间，政府的开支急剧增加，这给许多无良的政府供应商以欺骗政府的机会，不幸的是，告发人诉讼条款所带来的巨大的金钱刺激使得告发者提起了许多“寄生诉讼”（parasitic suits），这些诉讼并非基于告发者个人的关于欺诈行

---

① IRS, FY 2009 Annual Report To Congress On The Use Of Section 7623 7－8[EB/OL], [2010－01－05] www.irs.gov/pub/irs-utl/whistleblowerfy09rtc.pdf. p. 9.

② Patrick A. Barthle Ⅱ, *Whistling Rogues: A Comparative Analysis of the Dodd-Frank Whistleblower Bounty Program*, Wash. & Lee L. Rev., 2012, 69: 1201－1257.

③ U. S. ex rel. Lamers v. Green Bay, 998 F. Supp. 971, 977 (E. D. Wis. 1998), aff'd, 168 F. 3d 1013 (7th Cir. 1999).

为的信息，而是来自政府早已经掌握的信息。[①] 告发者要做的，仅是在政府起诉之前提起诉讼就行。这种滥用导致了1943年国会对《虚假请求法》的修订，如果欺诈信息或证据早已经在美国政府或其他机构的掌握之中，法院将失去告发者基于这些信息或证据所提起的诉讼的司法权。因为增加了这个限制，根据《虚假请求法》提起的告发人诉讼案件锐减。正是因为《虚假请求法》在近100年内的这种多变性，美国国会在1986年再次将其修订为今天的版本。1986年的修订撤销了"政府知情限制"(government knowledge bar)，只有在诉讼是基于已经公开披露的指控或交易信息的情况下，法院才失去对案件的司法权，除非告发者本身就是公开披露的信息的来源。[②] 为了突破"公开披露限制"，告发者必须出示其是信息的"原始来源"的证据，大多数专家认为按照法律规定告发者必须拥有"直接和独立的信息"。[③]

1986年《虚假请求法》的修订同样也增加了对虚假申请人的罚金，每一个虚假请求可处罚金变为5500～11,000美元。此外，如果因为欺诈行为导致政府损失，还可以对虚假请求人处以3倍于损失的罚金。《虚假请求法》定义"申请"(claim)为"任何为了金钱或者财产的请求和要求……"这意味着，例如，一个医生任何要求政府付款的请求将被视为一个独立的请求，都可以被处以5500～11,000美元的罚金。此外，任何因虚假请求行为所导致的政府的金钱损失都

---

① See Beverly Cohen, *Trouble at the Source: The Debates Over the Public Disclosure Provisions of the False Claims Act's Original Source Rule*, Mercer L. Rev., 2009, 60: 701, 704.

② See 31 U.S.C. § 3730(e)(4)(2006).

③ 31 U.S.C. § 3730(e)(4)(B).

要乘以 3 倍,因此,潜在的罚金,特别是在医疗领域,可以达到上千万美元,甚至上亿美元。①

如果告发者能够克服"公开披露限制"以及其他障碍,他将可以取得他应得的那一部分奖励。依照法律的规定,在美国司法部介入的情况下,告发者至少可以获得 15% 的罚金,最多可以得到 25% 的罚金。如果司法部不介入案件,告发者将有权获得不少于 25% 但不超过 30% 的罚金作为奖励。在上述两种情况下,告发者仍然有权获得"一定数量法庭查明的已经产生的合理的费用支出",以及合理的律师费用和诉讼费。②

从某一方面来看,包含有告发人诉讼条款的《虚假请求法》获得了惊人的成功。自从 1987 年其自获生机以来,《虚假请求法》收回的损失高达 270 亿美元。在这一时期,告发者获得的奖励份额将近 30 亿美元。③ 关于《虚假请求法》最近成功的案例是 Cheryl Eckard 的故事,她告发英国葛兰素史克公司(Glaxo Smith Kline,GSK)在波多黎各的工厂的药物制造问题,葛兰素史克公司因此赔了 7.5 亿美元,而 Cheryl Eckard 获得了 9600 万美元的奖励,这是美国历史上单个金额最大的告发者奖励。④ 此外,是 John Kophinski 的故事,这位

---

① See Michael Rich, *Prosecutorial Indiscretion: Encouraging the Department of Justice to Rein In Out-of-Control Qui Tam Litigation Under the Civil False Claims Act*, U. CIN. L. Rev., 2008,76:1233,1236.

② 31 U. S. C. § 3730(d)(1),(d)(2).

③ See Civil Div., U. S. Dep'T of Justice. Fraud Statistics—Overview 2[EB/OL], www.taf.org/FCA-stats-2010.pdf,2010 - 11 - 23.

④ See Lisa Flam. Ex-Worker Wins $96M for Blowing Whistle on Drug Giant[EB/OL], [2010 - 10 - 27]. [2014 - 03 - 02] http://www.aolnews.com/2010/10/27/ex-worker-wins-96m-for-blowing-whistle-on-drug-giant/.

辉瑞公司的前销售员，他的告发导致该公司赔了23亿美元，而他本人也获得了5000万美元的奖励。①

（四）州《虚假请求法》

美国各州的《虚假请求法》中的大多数都是参照联邦立法制定的，并可以使州政府得到额外的10%的联邦医疗保健的欺诈赔偿。②相对于联邦《虚假请求法》来说，每个州的版本都各不相同，然而，有一些显著的特点正是反映了联邦《虚假请求法》的积极进化。当前，大约有30个州有虚假请求法案。在制定了《虚假请求法》法的州中，大多数州将虚假请求的范围都定义得很广，几乎包括所有类型的欺诈，但是也有11个州的虚假请求法规将对政府的欺诈限制于医疗保健或其他州卫生保健基金方面。这些虚假请求法所提供的奖金一般限于对州、地方政府及它们的职能部门的虚假请求的告发。

1995年，得克萨斯州制定了《得克萨斯州医疗保健欺诈防止法》（Texas Medicaid Fraud Prevention Statute），赋予检察总长调查和起诉那些在得克萨斯州医疗保健项目中欺诈的人。这个法案的目标在于阻止医疗保健项目中的欺诈，并对实施欺诈的人课以3倍损害赔偿，同时向提供帮助的私人（告发者）提供金钱激励。告发者有权获得10%～25%的赔偿，再加上合理的律师费用，诉讼费和支出。得克萨斯州的《虚假请求法》法案与联邦《虚假请求法》有很大的不同，它与大多数州的《虚假请求法》也不相同。最显著的区别在于，得克萨斯州的法案只覆盖医疗保健；此外，不同于联邦《虚假请求法》的是，

① See Gardiner Harris, Pfizer to Pay $2.3 Billion to Settle Inquiry Over Marketing, New. York. Times, 2009-09-03, B4.

② 42 U.S.C. § 1396h(a)(2006).

联邦《虚假请求法》允许告发者在政府拒绝介入的情况下由告发者单独进行诉讼,但是在得克萨斯州,如果州检察总长拒绝接收案件,法院必须撤销这个案件。得克萨斯州制定《虚假请求法》已经7年了,7年来成绩斐然,已经为财政追回2000万美元。①

纽约州的虚假请求法规要求故意向州或地方政府提出虚假或欺诈请求的人承担责任,虚假请求包括对州或地方政府财产的挪用或恶意避免应向州或地方政府付款的义务。这个法规也覆盖对税法的违反,包括提交虚假退税申请(如果他的收入超过100万美元且对州税收的损害超过35万美元)。被告需要支付实际损害3倍加上相应的损失的赔偿,对每一项虚假请求,还应处以6000~12,000美元的罚款。在纽约州检察总长介入的情况下,一个提起成功诉讼的告发者可以获得15%~25%的赔偿作为奖金。如果政府不介入诉讼,由告发者单独完成,他所获得的奖金将是25%~30%。如果告发者策划或发动了这个欺诈申请,或者这个诉讼基本上基于媒体或公开听证所获得的信息,他的奖金将会减少。②

2009年12月18日,加利福尼亚州检察总长Edmund G. Brown Jr.宣布对Schering-Plough公司处以2130万美元的罚款,因为该公司故意抬高药价,使加利福尼亚州的医疗保健项目多付了数以百万计的药品款。这个案件就是因为告发者的起诉而成功的。在加利福尼亚州,一个提供信息的告发者可以获得15%~33%的赔偿作为

① Joel M. Androphy & Mark A. Correro, *Whistleblower and Federal Qui Tam Litigation—Suing The Corporation For Fraud*, South Texas Law Review, 2003, 45:23-87.

② Frederick D. Lipman, *Whistleblowers: Incentives, Disincentives, and protection Strategies*, John Wiley & Sons, Inc, 2012.

奖金,如果政府不介入诉讼,告发者单独完成诉讼,他可以获得25%～50%的赔偿作为奖金。[①]

第二节　公益告发约束制度

一、公益告发约束的基本理论

告发者的告发如果真实准确,而且事关公共利益,他的告发一旦取得成功,组织的违法行为将被阻止,这对社会公共利益来说显然是有益的。但是有时候,由于各种不同的原因,不真实的、恶意的、过度的及没有价值的告发常有发生,因此,对于此类告发的约束应是公益告发制度题中应有之义。

不真实的告发不但会损害社会的和谐,也会危及社会关系;[②]恶意的员工可能将告发当作报复雇主和同事的工具,同时,他们对雇主行为和管理层的政策的野蛮的指控也会给组织带来损害。如果虚假的告发增加,人们可能会对声称其行为的动机是为了提升社会福利的恶意的告发者感到害怕。恶意且不真实的告发将损害组织所珍视的声誉,将给组织带来灾难性的损失,对私部门组织来说,可能面临巨额的经济损失。因为商誉是企业存在的根基,如果商誉受损,将影响投资者对公司的信心,也将影响社会公众对公司产品的

---

① Frederick D. Lipman, *Whistleblowers: Incentives, Disincentives, and protection Strategies*, John Wiley & Sons, Inc, 2012.

② Yu-HaoYeh, *The Effectiveness of the Whistleblower Protection Under The Sarbanes-Oxley Section* 806 *In Corporate Governance*, University of Kansas, 2011.

信心，这对企业的影响将是致命的。

不准确和过度的告发同诽谤和捣乱没什么两样，更为要命的是，告发可能会带来更多的监管，也将减少在工场工作的员工的自治。[①] 此外，过度的告发可能会使员工在工场中感到不舒服，工场中的监管可能随处不在，同事们当心因为极小的错误而被抱怨和告发。这种情形不但会导致员工在他们工作中的自治丧失，也会导致工作环境恶化并影响员工在工作中的表现。过度(excessive)告发的危害是双重的："首先，员工将变得更加疏远和幻灭，因为他们在工作中的自治和与同事的友谊都受到了更强的监控的威胁。其次，在这种工作环境下的生产率和创新力都将下降，因为员工过度担心他们的生产行为，他们也不愿冒险或使用替代方法，因为担心被报复。"[②]

这种结果的发生当然不一定与公共利益直接相关，但从公众的角度来看，它将损害社会的和谐，因为社会关系中充满了不信任，不信任不仅使人们对他们生活中的所有事物都不再有同情心，它同时也摧毁了维系社会运转、经济转变和社会活动的价值基础。对于组织来说，管理者可能会失去提升企业表现并为公众创造财富的机会，因为他们担心恶意员工的告发。与此同时，因为失去对告发的信任，公众也将暴露于可能损害健康和公共安全的风险之中。因此，如果不将公共利益放在首位，恶意的及虚假的告发将给个人、组

---

① Terance D. Miethe, *Whistleblowing at Work: Tough Choices in Exposing Fraud, Waste and Abuse on the Job*, Law Review of New York Law School, 1999, 21:86.

② Terance D. Miethe, *Whistleblowing at Work: Tough Choices in Exposing Fraud, Waste and Abuse on the Job*, Law Review of New York Law School, 1999, 21:89.

织和社会带来负面影响;相反,他们的动机是出于对个人私利的追求而且也会对我们所珍视的社会价值观造成损害。[①] 因此,我们要鼓励对公益增进有价值的告发,对不真实、不准确或者过度的告发要进行约束。

此外,没有价值的告发人诉讼除了上述问题之外,还会有更严重的后果,那就是对司法资源的浪费以及雇主因应付诉讼所带来的损失问题。一个可能根本不能成功的告发人诉讼,如果任由告发者将其推进,不但法院不堪其累,对组织一方来说,还会造成不小的负担,因此,对于没有价值的告发人诉讼也应进行约束。

二、对告发者披露行为的约束

盖因告发可能对组织和社会公众所带来的损害,尽管公众通过告发获益良多,公众仍然要求告发者在采取进一步的行动前要深思熟虑。告发者在进行告发之前,至少应该考虑以下问题:其一,组织违法行为是否真的关涉公共利益或将社会大众置于危险的境地;其二,组织违法行为对公共利益的损害是重大的还是微小的;其三,告发对阻止组织违法行为来说是不是必要的和不可避免的。

此外,公众要求告发者秉持善意而采取告发行动,并进行准确的告发。这种对善意的要求可以保证告发者进行告发的目的在于保护公共福利,不是为了告发者自身的利益或其他政治考虑。[②] "从

① Yu-HaoYeh, *The Effectiveness of the Whistleblower Protection Under The Sarbanes-Oxley Section* 806 *In Corporate Governance*, University of Kansas, 2011.

② Yu-HaoYeh, *The Effectiveness of the Whistleblower Protection Under The Sarbanes-Oxley Section* 806 *In Corporate Governance*, University of Kansas, 2011.

公众的角度来看……鼓励告发者秉持善意而告发，即使是通过调查证明他的告发是不成立的，这也好过对所有无法证实的告发都采取不鼓励的态度……如果鼓励告发者秉持善意且经过深思熟虑后再采取告发行动，公众显然可以因此而获益，即使是经过对告发的调查，发现告发者所谓的危险根本就不存在。"①

对准确的要求的目的在于保证公众不会在不真实的指控上浪费社会资源。② 一个虚假的告发可能会给个人或组织造成巨大的财产和声誉上的损失。"在告发的主题并不是那么严重的情况下，当然，如果只鼓励准确的告发，公众也可以因之而获益，不管告发者是否秉持善意，因为公共资源不会不必要地浪费在对告发的调查当中。从制定政策的角度来看，对危及公众安全的事项秉持善意的深思熟虑(well-researched)的告发，应受法律保护。"③由此，公众要求告发者秉持善意并在告发之前确认不法情事的真实性。在告发严重的欺诈方面，公众着重于告发者的诚实，不管最终的调查结果是否成立。相对来说，当告发的事项不是那么重大或恶劣的时候，公众对于准确告发的要求就会提高，因为善意或是马虎的告发可能会给组织和社会带来损害。

---

① Daniel P. Westman, *Whistleblowing: The Law of Retaliatory Discharge*, Labor Law Review, 1991, 3: 43.

② Yu-HaoYeh, *The Effectiveness of the Whistleblower Protection Under The Sarbanes-Oxley Section* 806 *In Corporate Governance*, University of Kansas, 2011.

③ Daniel P. Westman, *Whistleblowing: The Law of Retaliatory Discharge*, Labor Law Review, 1991, 3: 43 - 44.

三、对告发人诉讼行为的约束

对告发人诉讼进行约束主要是因为:其一,防止一些没有价值的案件浪费司法资源。并非每一个告发案件都值得进行诉讼,应该设置一种机制防止没有价值的告发案进入法院。其二,防止滥诉。组织违法行为可能被多个组织雇员发现,如果这些人都提起诉讼,将导致针对同一违法行为出现多个原告的问题,这不符合民事诉讼的基本原则。其三,防止寄生诉讼。美国《虚假请求法》颁布之后的很长一段时间里,大量的寄生诉讼被诉至法院,这些告发者得到的违法信息全都来自公开渠道。在行政机构对被告进行处罚或者诉讼之后,"告发者"根据这些来自行政机关或法院的信息再提起告发人诉讼,这种情况显然不符合公益告发制度的初衷,是不能被允许的。其四,平衡组织利益与公众利益。告发人诉讼是告发者将组织违法信息向法院披露,不可能像内部告发那样基本不会对组织带来损害,告发者一旦发现组织的违法信息,就径行向法院提起诉讼,完全不给组织任何自我改正的机会,这对组织来说是极不公平的,也可能因为错误的诉讼使组织蒙受损失。鉴于以上原因,对告发人诉讼进行约束是必要的,因此,美国联邦和州层面的《虚假请求法》对告发者有诸多约束规定。

第一,对《披露声明》的要求。如果告发者不能满足《虚假请求法》中对于披露的要求,那么他的案件将被撤销。《虚假请求法》对于披露的要求的主要目的是"提供给美国政府以指控欺诈的足够信息,以便让政府考虑是否加入诉讼或者让告发者单独进行诉讼"。告发者的书面披露材料应该能够帮助政府决定调查的方向。它应该可以让政府基于告发者提供的原始证据(material evidence)确定其诉求是否与已经存在的案件或调查相重合,而且也便于固定告发者在这个时间点的信息,以便让政府和法院决定告发人诉讼的原告是不是适格的告发者。《虚假请求法》中关于告发者应提供实质证据的条款只有一条,但这一条明确表达了国会的意图,那就是告发者只有在向美国政府提供了关于欺诈的实质证据的情况下,他才可能获得巨大的奖励。《虚假请求法》不会向一个没有任何证据支撑的告发者的指控支付奖励,它的最低要求是:一个告发者披露的证据"必须比'猫腻'正在进行时更具体"。[①]《虚假请求法》要求告发者必须具有欺诈的"核心知识",一个告发者是否适格取决于他是否"知道"被告的欺诈,而不是他的"怀疑"。

第二,公开披露限制。对告发人诉讼还存在"公共披露限制",如果根据本条提起的诉讼是基于刑事、民事或行政听证,国会、行政机关或政府的会计报告,听证,审计或调查,或新闻媒体公开披露的指控或交易,除非其由检察总长或这些信息的初始来源者提起,否则法院没有司法权。[②] 如果一个虚假申请行为已经由上述公开渠道披露,除非告发者是这个公开披露的信息的原始来源者,否则他将不能再提起告发人诉讼。

第三,首先起诉限制。如果一个人已经提起告发人诉讼,除政府之外,其他任何人都不得再根据这个正在进行的案件的事实介入诉讼或者提起相关诉讼。从表面来看,这个条款对除政府以外的人介入诉讼或提起相关诉讼进行了限制。告发人诉讼中几乎没有出

① 31U. S. C. § 3730(b)(2).

② 31 U. S. C § 3730(3)(4)(A).

现过多方当事人的情形，因为只有政府才可以介入一个正在进行的告发人诉讼。国会的意图在于限制对于相同欺诈行为的后来起诉者，不管第二个起诉的原告与证据事实有何等密切的联系。

第四，政府优先限制。《虚假请求法》规定，如果政府已经在民事诉讼或行政诉讼中对被告发者提起诉讼，一个人不能再根据奎太规则并依照相同的诉求或事实提起诉讼。[①] 可见，政府在告发人诉讼中处于优先地位，如果政府已经对被告发者提起诉讼，告发者就不能以相同的理由再起诉被告发者了。这个对于告发者的限制主要是为了防止寄生诉讼，即告发者根据政府已经提出的诉求再次提起告发人诉讼。

第五，穷尽内部告发渠道的限制。[②] 美国不少州的《虚假请求法》都要求先进行内部告发，[③]这个要求几乎专门运用于政府雇员（或离职雇员）在他们的工作期间发现的欺诈行为。这种规定可以减少无价值的诉讼，也可以使组织更有意愿利用内部规章来防范可能的违法行为。在此之后，《多德－弗兰克法案》因更加注重对于告发者的身份的保密，告发者的律师以匿名告发者的身份书写内部告

---

① 31 U. S. C § 3730(e)(3)(1994).

② Patrick A. Barthle Ⅱ, *Whistling Rogues: A Comparative Analysis of the Dodd-Frank Whistleblower Bounty Program*, Wash. & Lee L. Rev. ,2012,69:1201－1257.

③ See,e. g. ,D. C. CODE § 2－381.03(2011) ["这个部门的当前的或从前的员工不能……依照本节的分节(b)提起诉讼……除非这个员工善意地穷尽了内部告发程序并试图追回虚假申请的资金……"]Haw. Rev. Stat. § 661－27(e)(2)(2011)("任何人都不能依照661－25 节提起诉讼：当这个人是这个州当前或从前的雇员……除非这个员工首先，善意地，穷尽了所有现存的内部告发程序并试图追回虚假申请的资金……")；Nev. Rev. Stat. § 357.090(2010)("不能基于这个州当前或从前的雇员所披露的信息并依照 NRS357.080 提起诉讼……除非他或她善意地穷尽了内部告发程序并试图追缴欺诈行为的收益……").

发材料也视为履行了内部告发的义务。穷尽内部告发渠道的要求，对于潜在的告发者来说，的确是一个比较重的负担。如果只要求进行一定类型的内部告发（而不是穷尽），对告发者来说将不会成为一个实质的障碍，而且可以从告发者那里得到最有价值和质量的信息，这有助于公共政策问题的解决，同时，这也可以减少仅拥有一些华而不实、似是而非的信息的告发者的告发。

除上述的限制之外，《虚假请求法》还有一些细琐的约束告发者的规定。比如，《虚假请求法》中规定了一些对于告发者的奖励限制。如果法庭发现告发者“计划或者发动了”案涉的违法行为，法庭可以减少其应得的奖励，可以不受最低15%或25%的限制。[①] 如果告发者被指控在案涉的违法行为中触犯刑法，他将被排除出这个案件，而且也将不能获得任何奖励。[②] 最后，《虚假请求法》还有一个貌似强悍的可以减少无价值诉讼的条款：如果告发者的请求，司法部并未介入，而被告又赢了官司，如果法庭发现这个诉讼“明显的无价值，明显是找麻烦的，提起诉讼的主要目的在于骚扰被告”，法庭可以判决要求原告承担合理的律师费用及支出。[③] 其目的在于利用律师费用的转嫁来减少不必要的告发人诉讼案件。

---

① 31 U.S.C. § 3730(d)(3).

② 31 U.S.C. § 3730(d)(3).

③ See, e.g., Pfingston v. Ronan Eng'g Co., 284 F.3d 999, 1006-07 (9th Cir. 2002).

第三节　告发者保护制度

对告发者进行保护，也是公益告发制度的重要部分。告发行为的本质属于告发者的言论自由，[①]告发者行使其言论自由的权利应当受到法律的保护。如果一个员工怀着善良的意愿，将公司的违法信息向相关部门披露，或者公之于众，他的出发点仅仅是希望这种危及我们的行为得到纠正而已，但却遭遇报复，这显然是我们最不愿意看到的，也是公益告发制度所不能容忍的。由于这个原因，各个国家的立法对于告发者的保护都是不遗余力的，不少国家对于公益告发者的保护主要来自劳动法，因为企业对员工的报复绝大部分都属于《劳动法》层面的，因此通过劳动立法进行保护自然是最简便的做法；有些国家将对告发者保护的条款归定于部门法当中，最典型的例子是美国，美国绝大多数的联邦环境法律中都有对环境告发者进行保护的条款；有些国家对告发者专门立法保护，如美国、日本、英国、澳大利亚、韩国都有专门的告发者保护法。各个国家公益告发的立法方式不同，对告发者的保护也各有侧重点。

① 美国的法律亦认为公益告发权利的源泉来自《宪法修正案》第1条及第14条规定的言论自由权。

一、为告发者提供法律保护的原因

（一）告发容易招致组织的报复

一些告发者在告发之后所面临的消极后果，被学者称为报复。[①] Rehg 曾经定义劳动关系中的报复如下：对告发者的报复是组织和雇员之间的冲突所导致的后果，组织成员试图通过威胁采取或实际采取对员工有损害的行动来控制雇员，因为雇员通过内部或外部渠道告发了组织的错误做法。[②] 同样，Keenan 也认为报复是“对雇员采取一个不利行为（undesirable action）或不采取其意愿的行为（desirable action），因为雇员披露了组织的违法问题”。[③] 不意愿的行为包括“对告发者采取的不利行为（比如，降职）及不采取积极的行为，但如果雇员不告发，可能就会采取的行为（比如，升职）”。[④] 从告发者提起告发的后果来看，告发者获得奖励或者招致报复的概率大约是相同的。如果组织文化不鼓励告发，那么告发者一般会招致报复。

传统的劳动关系意味着雇主与雇员之间的沟通是垂直的，而不是水平的。雇主拥有控制一切的管理权威，而雇员只能被动接受并执行来自雇主的命令。雇员无法改变他们的职位，提升工作环境，

---

① Near J. P. & Miceli M. P., *Retaliation against whistle-blowers: Predictors and effects*, Journal of Applied Psychology, 1986, 71: 137 – 145.

② Michael T. Rehg, *An Examination of the Retaliation Process against Whistleblowers: A Study of Federal Government Employees*, Indiana University, 1998.

③ Keenan J. P., *Comparing Indian and American Managers on Whistleblowing*, Emp. Resp. & Rts. J., 2002, 14: 79, 82.

④ Janet P. Near & Marcia P. Miceli, *Effective Whistle-Blowing*, The Academy of Management Review, 1995, 20(3): 679 – 708.

影响管理者的决策。相反,雇主可以决定谁可以升职,谁应该降职,可以决定是接受工场中的不同声音或者视他们的异见为无意义的抱怨。雇主拥有下级所没有的权力。因为这种职位的不平衡,当报复来临并强加给雇员时,他们不能独立地向雇主反击,只能独自承受挫折。①

员工所面对的持续的负面行动可以定义为工作场所欺凌(workplace bullying),包括骚扰,冒犯,在社交中排斥某人或者对某人的工作成果作负面评价。② 这种负面行为持续发生(比如,每周)或者持续一段时间(比如,大约6个月),如果这个人职位较低,这种行为会还会逐渐升级,使告发者根本无法再得到晋升。大多数面临报复的告发者,他们的报复往往来自多个方面,但是会持续发生。报复的严重性似乎可以通过他们面临了多少种报复或威胁来评估。30%的告发者经历了社会报复(比如,非正式的,反社会的行为),但是36%的告发者经历了社会和工作有关的两重报复(比如,正式的,记载在雇佣文件上的负面行为)。③ 当一个员工告发的组织错误做法涉及高层管理者或者刑事犯罪时,他所面临的报复或工作场所欺凌就会更严重。

(二)告发报复的类型

来自组织的报复可能有以下几种类型。

---

① Yu-HaoYeh, *The Effectiveness of the Whistleblower Protection Under The Sarbanes-Oxley Section 806 In Corporate Governance*, University of Kansas, 2011.

② See Einarsen S., Hoel H., Zapf D. & Cooper C. L., *Bullying And Harassment In The Workplace: Developments In Theory*, Research and Practice, 2011.

③ Cortina L. M. & Magley V. J., *Raising Voice, Risking Retaliation: Events Following Interpersonal Mistreatment In The Workplace*, Journal of Occupational Health Psychology, 2003, 8: 247-265.

第一,不当解雇。不当解雇可能是来自组织的报复中最常见也是最恶劣的一种,盖因劳资双方不平等的地位,组织一方几乎可以完全主导劳动关系的建立和终止,在组织成员对组织违法行为进行告发之后,组织一方的"撒手锏"往往就是"开除",即解除与告发者的劳动关系。在一些奉行"雇佣自由"原则的国家,情况可能会更加糟糕,因为根据这一原则,雇主可以根据他的意愿,根据任何理由或者不给出任何理由就解雇员工。这对于告发者来说,显然是极为不利的。

第二,不利处分。不利处分的种类很多,比如,降薪、降职、调岗以及人事变动上的差别待遇都属于此类。美国法律实践中,被行政机构和法院所禁止的此类报复行为就多达30种。除上述数种之外,尚有职位取消/减员、被迫离职(将工作条件变得困难迫使员工离职)、列入黑名单、在影响雇员机会的评价中进行恶评、报复性规定职位考核时应作心理健康检查、对不要求护送进入工作场所的拒绝、暂停测试证书、不予升职、威胁、报复性骚扰或造成恐吓和强迫的行为、调至雇员无法行使监督职能的职位、传播负面意见和其他形式的苛刻批评、换办公室并取消停车及进出特权、向评价检查公司出具负面评价、拒绝加班要求或不准员工休息、拒绝推荐员工到另一雇主处工作、制造敌意的工作环境、对员工言论会造成"寒蝉效应"的骚扰行为、制定会影响或禁止受保护的行为的制度等。[①]

第三,民事和刑事诉讼(或刑事控告)。如果员工与组织的劳动合同当中存在保密条款或禁止告发条款,员工如果进行告发,组织

---

① Stephen M. Kohn et al. , *Whistleblower Law*: *A Guide to Legal Protections for Corporate Employees*, WestLaw, 2004(3): 98 – 99.

一般都会认为员工的行为已经构成对劳动合同的违反,应当依照合同承担相应的法律责任,从而去法院起诉进行告发的员工。告发者可能因为告发而惹上官司,这也是告发可能招致的报复的一种。如果组织认为员工的告发,造成了其商业秘密的泄露,员工可能涉嫌侵犯商业秘密之类的刑事犯罪;如果员工的告发影响到组织管理者的声誉,则又可能涉嫌诽谤、诬告之类的刑事犯罪。对公部门组织的雇员来说,他们的告发如果涉及国家秘密或者国家安全,也有可能触发国家机密保护或者安全保护之类的刑事犯罪,因此,告发者可能因告发被刑事诉讼或面临刑事控告。

（三）告发所面临的其他风险

如果没有对告发者身份信息进行保护的机制,无论是采取内部通道还是采取外部通道告发,告发者在告发的过程中都几乎无法避免身份暴露的风险。若再受到媒体关注,则告发者的个人信息、所服务的组织信息和家人信息恐怕都会被媒体曝光,告发者势必因此将经受社会舆论的压力和检视,可能会造成与家人、亲朋、同事、所服务的组织的关系上的紧张局面,使人际关系全面陷入糟糕的境地。对家人来说,告发者的行为若不被家人理解和支持,则可能会受到家人的责备;对亲朋来说,告发者的行为也可能不被他们理解,那么,告发者就可能会遭遇亲朋的疏离;对同事来说,为了维系与组织的关系,他们可能漠视告发者的存在,甚至急于与告发者切割或者向告发者发难。①

一个遭受报复的员工这样描述他的感受:我习惯在中餐的时间

① 参见李伟铨:《贪污犯罪中揭弊公务员保护法制之研究》,台北大学2014年硕士学位论文。

去食堂吃饭，但是他们并不会和我坐在一起——这并不是他们不赞成我做过的事情，而是他们并不希望别人看到。他们可能会点头打招呼，但是他们不会坐下……也没有人会和我交谈，他们总会找到借口。你非常强烈地感到你是一个外人。[①] Lhuilier 把这种经历描述为摒弃在社会的话语圈（the circle of social turn-taking）之外，个体被视为不存在（no-one），他们也没有群体认同，他们没有社会空间和控制，感知别人的行为，虽然他们看起来应该感觉快乐，他们甚至也有工作可做。[②]

凡此种种，都是告发者可能面临的困境，公益告发制度必须要考虑这个问题，对告发者给予关注。

二、公益告发的保护措施

（一）禁止违法解雇

英国《公益披露法》第 103A 条规定，劳动者若因受本法保护之告发行为而解雇，属于“违法解雇”。因此，当雇主以告发者进行告发为由或以此为主要理由将告发者解雇时，告发者只要能证明他的告发符合英国《公益披露法》的保护要件，该解雇即被推定为“违法解雇”。同时，本法第 105 条第 6A 项也规定，雇主因缩减人力而裁员的时候，若以告发为唯一或主要的裁员理由，也属于违法解雇。如果法院认为告发者的主张有理由，可以作出复职（reinstatement）或

① See Einarsen S. , Hoel H. , Zapf D. & Cooper C. L. , *Bullying And Harassment In The Workplace*: *Developments In Theory*, Research and Practice, 2011.

② See Einarsen S. , Hoel H. , Zapf D. & Cooper C. L. , *Bullying And Harassment In The Workplace*: *Developments In Theory*, Research and Practice, 2011.

再雇用(re-engagement)的命令,或者判决雇主承担损害赔偿责任(本法第112条的规定)。[1] 日本《公益告发者保护法》也有违法解雇无效的规定,在劳动者的告发符合该法第3条的保护要件,如果企业以劳动者从事公益告发为由将其解雇,依第3条的规定,该解雇无效。[2]

在美国的州层面,法院在告发案件的处理上,为来自雇主的报复提供一种递进式(step-by-step)的普通法的救济。尽管法院经常依据合同理论或"善意"和"公平交易"的原则来保护告发者,但是最重要的救济方式是其于公共政策考虑的侵权诉讼。[3] 自19世纪下半叶开始,雇主或者雇员可以根据任何理由(准确地讲,是不需要任何理由)随时终止劳动关系,在美国的任何一个州都是如此。直到1960年以后,这种状态才得以逐渐改观。普通法对于员工被非法解雇有一个重要的保护原则,那就是"公共政策除外"(public policy exception to employment at will)。在这个原则之下,如果劳动关系的终止涉及一个州的公共政策,那么这种解雇将被认定为非法,也就是说,解雇的原因是雇主违反了公共政策。试举一例,比如,员工拒绝接受雇主要求其违反法令的指示,雇主将不能以此为由将其解

① 陈一铭:《内部人通报机制之建构与公司治理——以劳工通报为中心》,台北大学2006年硕士学位论文。

② 陈一铭:《内部人通报机制之建构与公司治理——以劳工通报为中心》,台北大学2006年硕士学位论文。

③ Stefan Ruetzel, "*Snitching*" *For the Common Good: In Search of A Response to the Legal Problems Posed by Environmental Whistleblowing*, University of Georgia School of Law, 1994.

雇。目前已经有43个州接受"公共政策免除"这一原则。[①] 由此,大多数州现在都开始在"雇佣自由原则"上奉行"公共政策除外"。其中,法院已经基于公共政策考量衍生了不少的保护法。"雇佣自由的例外"的核心理念就是认为员工不应被解雇,是因为他所声称的权利中包含了整个社会的利益,所以应该被保护。近年来,已经进化出四组可被保护的行为。它们的范围是不确定的,大多数的法院保护因为执行公共义务、行使法案权利、拒绝参与非法或不道德行为、从事告发而遭雇主告发的员工。除少数几个法院仍然明确地拒绝给予告发者"雇佣自由"的"例外"外,目前已经有20个地区因为公共政策理论而对告发进行保护。[②]

（二）不利益处分的禁止或无效

英国《公益披露法》第47B条第1款规定,如果劳动者的告发受本法保护,其有权不受雇主任何的侵害。该侵害包括不升迁、不加薪、惩戒处分、人事异动、禁止使用设备、不提供训练、恐吓等。如果劳动者因告发遭受了雇主对其的不利处分,他可以向劳动法院提起诉讼。劳动法院如果认为劳动者的起诉有法律依据,应当根据英国《公益披露法》第49条第1款发布救济命令,命令雇主停止不利处分或者支付赔偿金。根据本法第48条第2款的规定,此类案件的举证责任在雇主一方,劳动者仅须举证证明他的告发符合英国《公益披露法》的保护要件。

---

① 拒绝接受这一原则的7个州是:亚拉巴马州、佛罗里达州、佐治亚州、路易斯安那州、内布拉斯加州、纽约州和罗得岛州。参见 Muhl C. J., *The Employment-at-will Doctrine: Three Major Exceptions*, Monthly Labor Review 124:1, 2001, 3 – 11。

② See Nina G. Stillman, *Wrongful Discharge: Public Policy And Tort Claims.* in 21st Annuallnsitute on Employment Law, Litig. & Admin. Practice Handbook Series, 1992.

日本《公益告发者保护法》第5条规定，就本法第2条第1项第1款所指之事，对于其雇用或曾雇用的公益告发者，不得以其从事公益告发为由处以降职、减薪等不利处分，且对于派遣劳动者，派遣单位也要禁止被派遣单位对员工作出不利益处分。该法所谓不利处分包括降职、减薪、申诫、人事上的差别待遇或者退休人员的年金止付等，也包括劳务派遣单位要求被派遣单位对告发者的不利处分等。①

美国《告发者保护法案》保护员工免受因告发所招致的报复，防止机构对其采取或者不采取"人事变动"（personnel action）。这包括一个范围广泛的机构对员工所采取的负面或者恶意行动。法案明确定义"人事变动"包括以下11种行为：(1)任命；(2)晋升；(3)本章第75条所列的行为或惩治行为；(4)选派，调动或改派；(5)恢复原职位（reinstatement）；(6)规章制度复原（restoration）；(7)重新雇用；(8)本章第75条所列的绩效评价；(9)关于薪水、利益和奖励的决定，或关系到教育或培训如果这种教育或培训将导致任命、晋升、绩效评价或本小段所述的其他行为；(10)命令做心理测试或考试；(11)其他在职位、责任或工作状态方面的重要变化。② 该法也明确禁止因为员工告发而对员工采取人事变动行为，以此来保护员工，包括提出法律、法规或规章规定的请求权利、申诉权利或表示不满的权利，为他人在类似情形中作证或者提供帮助；向机构的监察长

---

① 参见陈一铭：《内部人通报机制之建构与公司治理——以劳工通报为中心》，台北大学2006年硕士学位论文，第64页。

② 5 U.S.C. § 2302(a)(2)(A).

或特别顾问披露信息(或与他人合作);或拒绝执行违法的指定。[1]

(三)身份信息保密

身份信息保密措施一般有两种做法:第一种做法是干脆采用匿名告发的方式,比如设立告发热线,举报信箱,告发者无须透露自己的真实身份即可进行告发。这种做法的好处就是告发者可以不必透露身份信息,一般来说,没有招致组织报复的担心。当然,这种做法的不利之处也很明显,因为匿名,对告发的调查比较难以展开;因为匿名,告发接受者对于告发的重视程度可能也不如实名告发;因为匿名,告发处理者也无法与告发者进行沟通,或者将处理结果告知告发者。第二种做法是实名告发,但是要求告发接受者或者处理者严格对告发者的身份保密。这种方式或许能够解决匿名告发的一些问题,大多数国家采用此种方式。如果告发者实名告发,但身份信息不能保密,随着组织违法行为的披露,组织对告发者的报复、家人对告发者的责备以告发者人际关系的紧张都将接踵而至,因此,一定要从严规定告发接受者的保密义务。韩国甚至在这方面采用了刑事措施,韩国《公益告发者保护法》第 12 条规定:(1)任何人如果没有经举报者同意,不得向他人告知、公开、报道举报者或假想的举报者及其个人信息。对违反本规定的人处 3 年以下有期徒刑或 3000 万(韩币)以下的罚金。(2)委员会也可以要求有关机构负责人对向他人通知、公开、报道举报者或推知的举报者及其个人信息的人采取惩戒等必要的措施。

(四)罪责减免

罪责减免包括两个方面的问题:其一,公益告发行为可能牵涉

---

① 5 U.S.C. § 2302(b)(9).

的民事、行政或刑事责任的减免；其二，告发者本人若牵涉组织的违法行为中，因告发者的告发导致告发者自己的违法行为被发现，对于告发者可能牵涉的民事、行政或刑事责任予以减免。

前已述及，公益告发行为可能伴随着民事、行政甚至刑事上的法律责任，为了免除告发者的后顾之忧，有不少国家的立法均对这种可能的法律责任予以减免。国际透明组织所建议的公益告发立法原则亦指出，任何符合法律规范的告发，应免于纪律处分及刑事、民事和行政法上的责任。当然，并非所有的公益告发行为都可以免除法律责任，若公益告发对第三人的利益有所损害，仍应承担相应的法律责任。日本《告发者保护法》第 8 条即规定，任何依照本法第 3 条进行告发的劳动者须尽力避免给他人正当权益和公共利益带来损害。可见，公益告发者对第三人利益及公共利益须尽尽力维护的义务，若有违反，也不能奢望罪责减免。

为了鼓励告发，对于告发者自身可能牵涉其中的组织犯罪行为，有的国家的立法也对其进行减免，如韩国《公益告发者保护法》第 14 条规定，因为告发行为导致告发者自己所犯之罪被侦破，对该告发者的刑罚可予以减轻或免除。如果告发者因举报行为导致自己的违法行为被发现而因此遭到处分（指对公务员的处分）时，委员会可以要求有关机关负责人减轻或免除对该告发者的处分。

（五）禁止告发条款无效

英国《公益披露法》第 43J 条规定："在本节可以适用的范围内的任何意图阻止劳动者进行受保护的披露的协议条款都是无效的。"也就是说，雇主不得通过合同来禁止劳动者进行英国《公益披露法》所保护的告发，如果有此类规定，该条款也归于无效，雇主仍应承担其应负的法律责任。表4-1为各国公益告发保护措施对比。

表4-1 各国公益告发保护措施对比①

保护措施	美国	英国	加拿大	澳大利亚	韩国
罪责减免	○	○	○	○	○
信息保密	○	×	○	○	○
人身保护	○	×	×	×	○
保密义务违反的免责	×	×	○	×	○
工作上不利措施的救济	○	○	○	○	○
处罚规定	×	×	○	×	○
禁止举报的条款无效	×	○	×	×	○
补偿制度	○	○	×	○	○
处理结果的通知制度	○	×	×	○	○
和解	×	○	×	×	○

三、告发者获得保护的要件

（一）受保护的告发者

受保护的告发者一般因立法而异，有些公益告发立法只保护公部门的告发者，有些则只保护私部门的告发者，采取公私部门一并立法的国家，如英国、韩国，则可以覆盖公、私部门的告发者。从告发者的类型来看，不同的国家、不同的立法仍存在区别。

美国《告发者保护法案》，因为它的立法目的主要在于对告发的

① 参见郭明明：《韩国公益举报制度研究——以公益举报者保护法为视角》，山东大学2014年硕士学位论文，第14页。

联邦雇员的保护，与环境保护类法案保护私部门组织的员工不同，它主要保护公部门组织的员工，因此值得一提。美国《告发者保护法案》主要为披露违法或者不适当行为的联邦雇员提供保护。美国《告发者保护法案》保护的案件必须符合这几个因素：因为被美国《告发者保护法案》“覆盖的雇员”个人提起的“受保护的披露”而引发的“人事变动”(personnel action)：尽管任何人都可以向相关部门披露告发信息，但是只有这个人是属于美国《告发者保护法案》覆盖的人的时候，相关部门的负责人才需要调查并出具报告。此外，除了极少的例外之外，禁止人事变动也仅适于被覆盖的雇员。总体来讲，当前的雇员，离职的雇员，或向政府行政分部或政府印务局申请职位的人，无论是需要公开招聘的职位或者特殊职位，包括高级行政官。但是，有些职位因为具有“机密、政策决定、政策制定、政策宣传的特点”，此外还有一些职位出于行政管理的需要由总统任免的职位，不受告发法案的保护。除此之外，这个法案并不能适用于美国邮政总局和美国邮政价格委员会雇佣的职员、美国政府问责办公室、联邦调查局、中央情报局、国防情报局、国家地理空间情报局、国家安全局以及其他由总统任免执行国外情报和反间谍行动的政府机构。

《萨班斯－奥克斯利法案》第806节规定，受该法保护的告发者仅限于“劳动者”，但是本法并未对“劳动者”的范围进一步明确。司法实践中，“劳动者”的范围可能包括上市公司的员工，也包括上市公司的承包商、转包商或代理机构的员工。依据美国职业安全卫生局(OSHA)的规则，劳动者包括当前或者曾工作于上市公司或其代表机构之个人，包括求职或受其影响者。依照这个规则的解释，《萨班斯－奥克斯利法案》所保护的告发者范围其实颇为广泛。

英国《公益披露法》也将受保护的告发主体仅限于“劳动者”，依据本法第43K条规定，其包括：(1)向第三人提供劳务的派遣劳动者，关于职务之执行系由派遣公司、第三人、或共同决定；(2)依据合同为他人提供劳务但不受他人指挥监督的劳动者；(3)或系依法提供医疗服务的劳动者；(4)接受职业训练的人。对英国《公益披露法》规定的“劳动者”应采取较为广泛的理解，还包括派遣劳动者、在宅劳动者(homeworker)、英国国民医疗保健系统所派遣的医师与护士与接受职业训练者。劳动者退休后的告发不受本法保护，但是告发之后再退休的，仍受本法保护，独立董事的告发也不受本法保护。公益通报的主体除私人企业的劳动者之外，还包括公务员(本法第191条第2项)，警察的告发亦受保护，但是军事、情报机关并不能适用。①

日本《公益告发者保护法》第2条第2项规定：“公益告发者”指从事告发的劳动者。所谓“劳动者”，系指《劳动基准法》第9条所规定的劳动者，亦即“不分职业种类而被事业或事务所使用，并受有薪资的人”，而该事业不论是否以营利为目的，亦不分团体或个人均包括在内。除了正式劳动者之外，尚包括部分工时劳动者、兼职劳动者、派遣劳动者、交易相对人的劳动者、公务员和退休劳动者等。

（二）受保护的告发对象事实

受保护的告发对象事实因立法而异，存在范围的差别，但基本上所有的立法规定的受保护的告发对象事实都关涉公共利益，除采

① 参见陈一铭：《内部人通报机制之建构与公司治理——以劳工通报为中心》，台北大学2006年硕士学位论文，第43页。

取附属立法方式的公益告发立法规定得较为具体之外，一般都比较宽泛。此外，各立法在告发对象事实上的保护有程度上的差别，有些立法保护对违法行为的告发，比如，《萨班斯－奥克斯利法案》第806节第a项规定：劳动者如告发下述对象事实受本法保护：(1)邮件欺诈、电信欺诈、银行欺诈与证券欺诈；(2)所有证监会的规则与规章；(3)任何与股东欺诈相关的联邦法律。① 有些则条件很高，比如，日本《公益告发者保护法》只保护对犯罪行为的告发。日本《公益告发者保护法》第2条第3项规定，"告发对象事实"系指：(1)由"附表"所揭示，为保护个人生命和身体、拥护消费者权益、确保公平竞争及其他为保护国民生命、身体、财产权益的法律(包含基于法律作成的命令，以下相同)，该规定中的"犯罪行为事实"。(2)违反"附表"所揭示的法律作成的处分，而该处分的理由事实属于前(1)所指之事实。可见，日本只保护对犯罪行为的告发。美国《告发者保护法案》保护雇员合理相信其发现了"对于任何法律、法规和规章的违反"以及"管理不善、基金浪费、滥用职权或对危害公众健康和安全的行为"等信息的披露，只要这种披露不受法律的禁止或因为国防和外交事务的利益而受行政禁令所禁止，就都受该法案保护。

（三）受保护的告发者主观要件

关于受保护的告发者主观要件，一般要求是在"善意"基础之上的"合理相信"，美国《告发者保护法案》《萨班斯－奥克斯利法案》，英国《公益披露法》基本上都是采用此标准。所谓"合理相信"，指的是一个正常理性的人，根据其地位、经验、背景，判断告发对象是否

① See Laurence S. Moy, Linda A. Neilan, *Whistleblower Claims under the Sarbanes-Oxley Act of* 2002, 1556 PLI/Corp 451, 2006: 459.

已经构成对相关法律的违反。它虽然是主观要件，但是却建立在客观标准之上，需要判断告发者在组织中的地位、经验、背景，甚至于他所接受的训练，方可得出结论。告发者不需要对组织的错误做法进行全面调查，也不必待组织的错误做法经判断确系违法，只要合理相信，即可进行有效的告发。但是，如果告发者对于组织的行为只有单纯的怀疑，欠缺事实根据或合理相信，一般不受法律的保护。[①] 至于“善意”，也属主观要件，一般认为，如果告发者自己都不相信或者怀疑告发对象事实的真实性，则告发者的告发不被认定为具有“善意”，当然，有些法律对于告发者并无“善意”的要求，即使告发者是为了报复雇主而进行告发，也受法律的保护。比如，英国《公益披露法》规定告发者向组织的法律顾问进行告发时并无“善意”的要求。

我们来看一个《萨班斯－奥克斯利法案》的案例：Welch 诉 Cardinal Bankshares 公司案。[②]

David Welch 是 Cardinal Bankshares 公司的 CFO，他的职责是监视及审查公司的每天日记账记录，不仅有责任审查股票交易，在注销旧的股权证明时发行新的证明，他还必须记录谁持有公司的股票，比如这些股票是如何被持有的以及每位投资者持有多少该公司的股票。

Welch 曾给该公司 CEO（也是董事会主席）R. Leon Moore 写信，表达他对公司不正当内幕交易的忧虑，他认为 Moore 的交易不仅常

① 参见陈一铭：《内部人通报机制之建构与公司治理——以劳工通报为中心》，台北大学 2006 年硕士学位论文，第 33 页。

② Yu-HaoYeh, *The Effectiveness of the Whistleblower Protection Under The Sarbanes-Oxley Section* 806 *In Corporate Governance*, University of Kansas, 2011.

常发生于财务报告季度(financial reporting quarter)的最后时刻或接近于最后时刻,而且还使用了并没有广泛发布或披露到公共市场上的信息,这种行为已经很像《萨班斯 - 奥克斯利法案》草案所规定的内幕交易,但 Moore 回复他说,他已经咨询了公司的会计师和律师,他们认为这些交易没有问题。

之后,Welch 又发现 Moore 指示 Wanda Gardner(公司的副总裁和内部审计员)制作了两条不合理的账目,而且,Moore 的私人秘书制作的会计记录也很可疑。这些虚假的借贷记录可以增加企业的收入并使公司当前的财务报表显得好看一些,然而,在下一年度,财务报表不好看的一面终将显露出来。Welch 认为,这些不适当的日记账记录和借贷记录意味着一个严重的财务控制并将给公司和投资者带来不可挽回的损失。他建议每一阶段的财务报表都应该合理地作出并提供给股东足够的信息,使股东了解公司的利润和损失并知悉他们投资潜在的风险。他意识到他可能在《萨班斯 - 奥克斯利法案》正式生效之前被解雇,而且以他这个年龄再在其他公司找到一份这样的工作实属不易,因此他并没有向 SEC(美国证券交易委员会)告发公司的错误做法。

在等待《萨班斯 - 奥克斯利法案》于 2002 年 1 月生效之时,Welch 研读了该法并得出结论:Cardinal 公司的行为是欺骗性的,他坚持公司应该重回正轨并建立强大的财务控制。

根据《萨班斯 - 奥克斯利法案》的要求,作为公司 CEO 的 Moore 先生必须签署初始证明以证明财务报表的真实性,但 Welch 作为公司的 CFO 认为这些文件的准确性是存在问题的,他拒绝签署这些初始文件。此后,Welch 写了一个备忘给 Moore 并告知他拒签这些文件的原因。

在 Moore 同 Welch 交换备忘(Memo)之后,公司的董事会召开了一个会议并开始调查 Welch 的指控。Moore 不仅再次声明在这些证明文件中没有任何欺骗,他还提供了其他负面证明来贬低 Welch 的人品和工作表现。此后,Densmore(公司的顾问)为 Moore 和 Welch 召开了另一个会议,会议参加者包括 Moore 和 Michael Larrowe,Larrowe 是公司外部审计员和 Welch 的前雇主,然而,Welch 并没有参加这个会议,因为他的律师没有出席,而且他也认为 Larrowe 是公司财务腐败的参加者。在这一天的晚一些时候,公司和银行的审计委员会召开了一个联合会议来讨论 Welch 的指控,Larrowe 重申日记账记录完全正确,没有欺骗和对投资者误导的信息,相反,Moore 重述了他对 Welch 糟糕的工作表现和不胜任 CFO 一职的观察,最后,参会人员一致匿名同意对 Welch 停职,Welch 收到了一封停职信,停职信告诉他的停职是因为"拒绝参加公司顾问和外部审计员的会议"。

Welch 被停职后,他向职业安全与健康管理局(OSHA)提出申诉,Welch 认为他的情况受《萨班斯 - 奥克斯利法案》保护,并提供证据证明他的停职是因为披露了 Moore 的错误做法。然后,不幸的是,他的申诉被 OSHA 拒绝了,他向行政法院法官(ALJ)提起上诉,在上诉阶段,ALJ 作出了支持 Welch 的决定。首先,法官发现 Welch 的行为受法律保护因为他"合理地相信"错误的公司行为已经发生。在发现两个不当的日记账记录之后,Welch 表明他被孤立了。比如,Larrowe 不再找他讨论财务问题而是找 Moore、Mensmore 和 Larrowe 都不怀疑 Moore 的陈述并完全相信材料的真实性。此外,这些人努力设置障碍,使 Welch 无法调查公司的错误做法。正因如此,基于这些事实,法官认为 Welch 已经合理相信公司内部控制已经失灵,而他是公司财务腐败的无辜者。其次,法官还发现"Welch 受保护的行为及被停职在时间上十分接近,这足以推断公司的停职行为是非法的歧视"。最后,公司无法提供清楚而令人信服的证据来反驳 Welch 的初步证据而且也无法证明即使 Welch 没有采取这些受法律保护的披露行为他仍会被采取相同的处分。

在这个案件中,Welch 只是根据他的专业知识判断公司的行为已经构成对《萨班斯 – 奥克斯利法案》的违反,案件发展的过程中,其实已经有专业的会计师和律师论证他所供职的公司的行为并不构成对该法的违反,法院也并未查实公司的行为是否违反该法,单纯是根据他在公司的地位、经验和背景,以及事情发生的经过,来判断 Welch 已经"合理地相信"错误的公司行为已经发生,在其遭受公司报复时,为其提供了法律保护。

（四）受保护的告发程序

就告发程序来说,世界各国的立法大多语焉不详,可以说,这是公益告发制度中较为薄弱的部分,只有英国《公益披露法》和日本《公益告发者保护法》大约设置了一个由内而外,递进式的告发程序,告发者一般应循由组织内向组织外告发的路径,否则,可能得不到来自法律的保护。这样的设计能够比较好地平衡告发者、组织和社会之间的利益,非常值得借鉴。

英国《公益披露法》为告发者设计了一个三层递进式的告发通道,见图 4 – 1。一般来说,告发者须由内向外进行告发,方受该法保护。告发保护的要件,也是由内向外,渐趋严格。英国《公益披露法》的告发程序见表 4 – 2。

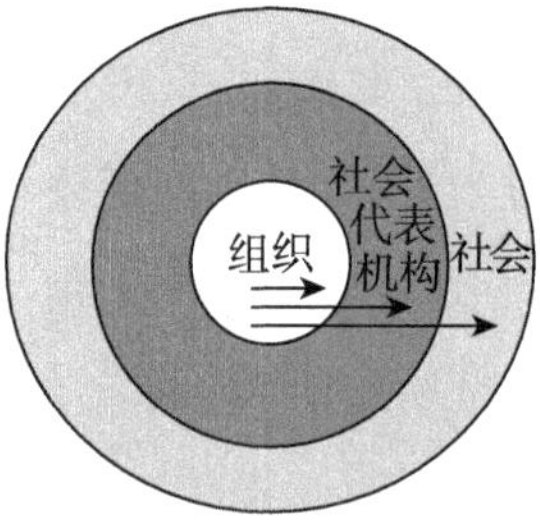

图 4-1　英国《公益披露法》对告发者保护的三层构造①

表 4-2　英国《公益披露法》的告发程序

阶段	告发接受者	保护要件
第一阶段	组织内部	合理相信+善意
	雇主之外的第三人	合理相信+善意
	法律顾问	合理相信
第二阶段	政府首长	依本法第 43E 条规定,当雇主系被政府首长基于法律指定时,或雇主之会员有一部分被政府首长依法指定者,劳动者可向政府首长告发,主要指国有企业或国民医疗保健系统和法院以外的公部门组织
	指定机关	依本法第 43F 条规定,劳动者可基于善意向国务大臣(the secretary of state)指定的机关告发,同时,劳动者须合理相信:(1)受理单位有管辖权;(2)不法情事与劳动者的主张系实质真实

① Vandekerckhove W. , *European Whistleblower Protection: Tiers or Tears?*, in Edward Elgar. A Global Approach to Public Interest Disclosure, Cheltenham/Northampton MA, 2010: 15 – 35, p. 4.

续表

阶段	告发接受者	保护要件
第三阶段	第一、第二阶段接受者以外的接受者，如媒体、警察、股东、指定机关以外的监督机关、国会议员、被害人等	依本法第43G条第1项第d款规定：(1)于告发时，劳动者合理相信若向雇主或指定机关告发，将遭受雇主侵害；(2)就特定不法行为，如无指定机关(第43F条)，而劳动者合理相信向雇主告发，相关证据将遭到隐匿或毁损；(3)劳动者已预先向雇主或指定机关通报[第二阶段的告发内容须与第一阶段实质相同(第43G条第4项)]。除此之外，尚有“合理性”的要求，根据本法第43G条第1项第e款规定应判断的事项包括：(1)受理单位之身份；(2)不法情事之重大性；(3)不法情事是否持续或可能发生；(4)告发行为是否违反雇主对于第三人之守密义务；(5)劳动者向雇主或指定机关告发后，雇主或指定机关是否采取必要的处理措施及该处置措施是否可合理期待；(6)劳动者向雇主告发时，是否遵从雇主所制定的告发程序
例外情形	对于特别重大的不法情事的告发，不受第一、第二阶段规定的限制	根据本法第43H条规定的例外情形：(1)主观上告发者须基于善意；(2)告发者须合理相信该不法情事与主张系实质真实；(3)通报者不能为取得自己的利益而告发；(4)该不法情事必须特别重大；(5)衡酌一切情事，认为该告发系属合理

日本《公益告发者保护法》的告发渠道显然借鉴了英国《公益披露法》的做法，也按照英国的做法，从内而外分为三层，依次为：事业单位内部、行政机关、外部组织，也是随着告发由内而外地推进，对告发者的要求也越来越严格。具体而言，如果告发者仅于组织内部告发，只要排除“不当目的”，即可受到法律的保护；如果在第二层行政机关告发，除了排除“不当目的”外，还必须包括“内容系属真实，如非真实者，应有相当的理由与证据可证明告发人确属

因误信而为告发”;如果在第三层外部组织告发,根据该法第3条的规定,除了具备前面两层的条件之外,还要符合这几个条件之一,方能得到法律的保护:(a)告发者有合理的理由相信如果他/她进行前两款告发,他/她将遭解雇或其他不利对待;(b)告发者有合理的理由相信如果他/她进行第(i)款的告发,与告发对象事实有关的证据将被隐匿、伪造或更改;(c)经营者无正当理由要求告发者不要进行上述两款所规定的告发;(d)在告发者进行第(i)款所规定的书面方式告发(包括电子、电磁及其他可被人类识别的方式,同样适用于第9条)后,在20天内未收到经营者等对告发对象事实进行调查的告知,或经营者等无正当理由不展开调查;或(e)告发者有理由相信对个体生命或身体的损害已经发生或正要发生。

（五）告发者救济程序

总体来讲,美国18个包含告发条款的联邦法案中规定的救济途径基本一致。一般都是在事发后的30天内向劳工部长(secretary of labor)投诉,劳工部长必须指示调查,并在收到投诉后的30天内,将调查结果告知投诉方和被投诉方;此外,在收到投诉后的90天内,劳工部长应根据调查结果签发提供救济或者驳回的命令(order),认为命令不公平的一方当事人可以要求联邦巡回法庭对此命令进行司法审查。这种审查的请求应在劳工部长签发之后的60天之内书面提出,但是审查程序的进行并不当然导致部长命令的中止执行,除非法院作出相关的裁决。如果有人拒不执行劳工部长的命令,劳动部长可以向行为发生地的美国地区法院提起民事诉讼,地区法院有权给予合理的救济,包括禁令性救济,赔偿损失或者惩罚性赔偿。[①] 当然，因为这18个法案各自涉及不同领域的告发者保护，因此一些显著的不同仍然存在。比如，《国防授权法案》(Department of Defense Authorization Act of 1987)规定，国防承包商的雇员如果涉及告发事由，应向总监察长提出请求(claim)，而非劳工部长。有些法案[如《商业机动车安全法》(Commercial Motor Vehicle Safety Act)和《多德－弗兰克法案》]规定，如果在指定时间内未提出异议，劳工部长的初步命令将变成终局命令。[②]

《萨班斯－奥克斯利法案》规定的告发者救济的途径又有所不同，该法第806节第b项规定，告发者若因告发而遭解雇或其他歧视行为时，应在侵害发生后90天内向劳工部长申诉，劳工部则授权职业安全卫生局(OSHA)实际受理申诉与进行调查，如果告发者能够提供支持其主张的初步证据，OSHA受理案件后通知相对人，并要求其于20天内进行答辩并提供证据。OSHA也会展开调查，并在申诉日开始后60天内作出书面决定。书面决定将指明相对人是否违反《萨班斯－奥克斯利法案》并作出救济命令。收到书面决定后，有异议的一方可以要求行政法官主持听证，行政法官在听证程序结束后也将作出书面决定指明相对人是否违法并作出救济命令。不服的当事人可以在10天内向行政复审委员会要求复审，复审委员会应在30天内决定是否复审，否则行政法官的决定将成为最终决定。若受理复审，则应在120天内作出决定。此外，根据本法第806节第b项

---

① 42 U.S.C. § 7622(d).

② Stefan Ruetzel, "*Snitching*" *For the Common Good*: *In Search of A Response to the Legal Problems Posed by Environmental Whistleblowing*, University of Georgia School of Law, 1994.

的规定,劳工部长若未予受理后180日内作出最终决定,申诉人可向联邦地方法院提起诉讼。[①]

英国《公益披露法》和日本《公益告发者保护法》为告发者提供的救济程序都是向法院提起诉讼,[②]该两国皆未为告发者提供行政救济途径。

四、典型告发者保护立法:以美国环境告发者保护制度为例

盖因美国联邦立法包括告发条款的法律绝大多数都是环境法,本部分以环境告发保护为例介绍美国这种典型的告发者保护立法。美国为环境公益告发提供了多种方式的保护:联邦环境法案提供的行政诉讼方式,州普通法提供的侵权诉讼方式,以及州层面的告发者法案。

(一)联邦层面的环境告发者保护制度

从美国联邦层面来看,有一大批的法律保护公部门和私部门的告发者。[③] 1978年,美国的《文官改革法案》颁布施行,开始对告发者进行立法保护,自此,对于告发者的立法保护显著渐多。1989年,《告发者保护法》颁布,国会将这种保护扩到大国会雇员。国会也通过至少在18个联邦法里面植入告发者保护条款将这种保护覆盖到私部门的雇员。这些法案包括《萨班斯-奥克斯利法案》、《食品安

---

① 参见陈一铭:《内部人通报机制之建构与公司治理——以劳工通报为中心》,台北大学2006年硕士学位论文,第36~37页。

② 参见陈一铭:《内部人通报机制之建构与公司治理——以劳工通报为中心》,台北大学2006年硕士学位论文,第75页。

③ See Lois A. Lofgren, *Whistleblower Protection: Should Legislatures and the Courts Provide a Shelter to Public and Private Sector Employees Who Disclose the Wrongdoing of Employers?* S. D. L. Rev,1993,38:321.

全现代化法案》(Food Safety Modernization Act)以及《多德－弗兰克法案》。[①] 18个包括告发者保护的联邦法案绝大部分都是环境保护类法案。

---

① 此外尚有:(1)Clean Air Act(CAA)中,保护:42 U. S. C. § 7622(a);救济:42 U. S. C. § 7622(b)。(2)Commercial Motor Vehicle Safety Act(CMVSA)中,保护:49 U. S. C. § 31105(a);救济:49 U. S. C. § 31105(b);法院审查:49 U. S. C. § 31105(c)(d)。(3)Comprehensive Environmental Response Compensation and Liability Act of 1980(CERCLA)中,保护:42 U. S. C. § 9610(a);救济:42 U. S. C. § 9610(b)。(4)Department of Defense Authorization Act of 1987中,保护:10 U. S. C. § 2409(a);救济:submit a complaint to the Inspector General(IG)10 U. S. C. § 2409(b),10 U. S. C. § 2409(c)(1);拒不执行命令:10 U. S. C. § 2409(c)(2);受命令影响的人的起诉:10 U. S. C. § 2409(c)(3)。(5)Dodd-Frank Wall Street Reform and Consumer Protection Act(Dodd-Frank Act)中,保护:See P. L. 111－203, § 748,124 Stat. 1376,1739(2010)以及P. L. 111－203, § 1057(a),124 Stat. 1376,2031(2010);救济:P. L. 111－203, § 1057(c)(2)(C),124 Stat. 1376,2032－33(2010)。(6)Energy Reorganization Act of 1974(ERA)中,告发者保护:42 U. S. C. § 5851(b);要求遵守命令的诉讼:42 U. S. C. § 5851(c)。(7)Fair Labor Standards Act of 1938(FLSA)中,保护:29 U. S. C. § 215(a)(3);救济:29 U. S. C. § 216(b)。(8)FDA Food Safety Modernization Act(FDA Modernization Act)中,保护:21 U. S. C. § 1012(a);救济:21 U. S. C. § 1012(b)(1)。(9)Federal Mine Safety and Health Act(FMSHA)中,保护:30 U. S. C. § 815(c)(1);救济:30 U. S. C. § 815(c)(2);法院审查:30 U. S. C. § 816。(10)Federal Water Pollution Control Act of 1972(FWPCA)中,保护:33 U. S. C. § 1367(a);法院审查:33 U. S. C. § § 1251。(11)Longshore and Harbor Workers' Compensation Act(LHWCA)中,保护及救济:33 U. S. C. § 948a。(12)Migrant and Seasonal Agricultural Worker Protection Act(MSAWPA)中,保护:29 U. S. C. § 1855(a);救济:29 U. S. C. § 1855(b)。(13)Occupational Safety and Health Act of 1970(OSH Act)中,保护及救济:29 U. S. C. § 660(c)。(14)Safe Drinking Water Act(SDWA)中,保护及救济:42 U. S. C. § 300j－9(i)(1)(2)。(15)Sarbanes-Oxley Act of 2002(SOX)中,保护:18 U. S. C. § 1514A(a);救济:18 U. S. C. § 1514A(b)(2)(D)。(16)Solid Waste Disposal Act(SWDA)中,保护及救济:42 U. S. C. § 6971(a)(b)(c)。(17)Surface Mining Control and Reclamation Act(SMCRA)中,保护:30 U. S. C. § 1293(a);救济:30 U. S. C. § 1293(b)和30 U. S. C. § 1293(c)。(18)Toxic Substances Control Act(TSCA)中,告发者保护:15 U. S. C. § 2622(a);救济:15 U. S. C. § 2622(b);法院审查:15 U. S. C. § 2622(c)(d)。

第一,受保护的告发者。联邦环境保护法案覆盖所有私部门的雇员,即所有现有的雇员,包括临时员工和处于试用期内的员工,无论他们在公司里从事什么工作。从对法案的扩大解释来看,法案的保护已经扩大到在劳动关系终止后进行告发的员工。①

第二,受保护的告发者行为。以《清洁水法》(Clean Water Act, CWA)为例,该法禁止雇主在下列情形下解雇或在补偿、合同条款、工作环境、优先聘用等方面歧视员工:(1)员工依照《清洁水法》已经采取或准备采取法律行动、应行政机关的要求或者《清洁水法》的规定而采取或者准备采取法律行动;(2)员工在任何此类的法律程序中作证或者准备作证;(3)员工以任何方式已帮助或参与或者准备帮助或参与此类法律程序。② 其他的环境保护法案也有相似的规定,因此,只有关于相关法案的违反的告发才受到法律的保护。

第三,外部告发的保护问题。直接向负责执法的联邦环境部门进行告发,显然是受法律保护的。对公司环境违法行为进行刑事告发,也是受法律保护的。然而,法庭并没有判决向其他政府部门告发是不是受法律保护。向其他政府部门的告发同样是受法律保护的(虽然没有法律明确规定,但法庭并没有禁止此类型的告发)。此外,劳工部长(secretary of labor)和行政法官(administrative law judges)都将法律的保护范围覆盖到向州和地方政府部门的告发。③

---

① Stefan Ruetzel, "*Snitching" For the Common Good*: *In Search of A Response to the Legal Problems Posed by Environmental Whistleblowing*, University of Georgia School of Law, 1994, p. 56.

② 42 U. S. C. § 7622(a).

③ Stefan Ruetzel, "*Snitching" For the Common Good*: *In Search of A Response to the Legal Problems Posed by Environmental Whistleblowing*, University of Georgia School of Law, 1994.

第四,内部告发的保护问题。内部告发在大多数的法案中并没有被提及,美国第五巡回法庭曾经反对《能源重组法案》中告发者条款将保护扩大到内部告发,他们认为劳动部门的监管权力将扩大到雇佣关系的调解当中,而这个领域恰恰是被法院认为公司管理的自决领域,但是,这个判决被上诉法院的法官全体一致地否决了。此外,国会在 1992 年修订《能源重组法案》以保护一个"向他的雇主告发违法情事……"的员工,[①]这可以看出国会已经意识到内部告发是否应该受到保护以及它是否只是《能源重组法案》才存在的问题,这次修订也表明了国会保护内部告发者的意图。

(二)州普通法对告发者的保护

在州层面,法院在告发案件的处理上,为来自雇主的报复提供一种递进式(step-by-step)的普通法的救济。尽管法院经常依据合同理论或"善意"和"公平交易"的原则来保护告发者,但是最重要的救济方式是基于公共政策考虑的侵权诉讼。[②] 普通法对员工被非法解雇有一个重要的保护原则,那就是"公共政策除外"(public policy exception to employment at will)。在这个原则之下,如果劳动关系的终止涉及一州的公共政策,这种解雇将被认定为非法,也就是说,解雇的原因是雇主违反了公共政策。

州和联邦政府保护告发的清晰的公共政策授权可以从这两级政府不断增加的环保法律中看出来。与此相应的是,大部分关于环境违法的告发在法院都是受到保护的。此外,对许多环境法的违反

① See 42 U. S. C. Sec. 5851(a)(1)(A).

② Stefan Ruetzel, "*Snitching*" *For the Common Good: In Search of A Response to the Legal Problems Posed by Environmental Whistleblowing*, University of Georgia School of Law, 1994.

往往意味着犯罪。一些法庭曾经声明执行刑事条款是一个州最重要的公共政策之一。尽管一些法院并不保护对刑事犯罪的告发,在这些案件中之所以不给告发者进行保护往往是因为被告发者事实上是犯罪行为的唯一受害者。①

无论被告发的行为违反刑法或者民事法律,向所有类型的政府机关的告发在法院都是受保护的,因此,外部告发显然是受到保护的。对内部告发者来说,情况会复杂一些。尽管并非所有的法院都意见一致,法院对员工将违法行为向内部人员告发的处理有两种情况:第一种情况是,当被告发者是告发犯罪行为的唯一受害者或者是违法行为的唯一(潜在)受害者时,大多数的法院会拒绝“公共政策”的诉求,但如果第三人或公众受到了影响,大部分的法庭认可这种错误的解雇而提起的诉讼;第二种情况是,基于社会效用的考量时可以否定对内部告发的保护。从惩罚犯罪的角度来看,内部告发并没有为社会公益做出贡献,但内部告发可以促使雇主自愿“合规”。因此,从本质上看,内部告发是否能得到法律的保护往往取决于内部告发行为是否导致了雇主采取合规行为,如果答案是肯定的,则可以受到法律的保护。②

(三)州告发者法案的保护

20世纪70年代末至80年代初,为了回应全国范围的丑闻,美国第一个州告发者法案生效,不少州开始加速立法,它们希望为员

---

① Stefan Ruetzel, "*Snitching*" *For the Common Good: In Search of A Response to the Legal Problems Posed by Environmental Whistleblowing*, University of Georgia School of Law, 1994, p. 25.

② Stefan Ruetzel, "*Snitching*" *For the Common Good: In Search of A Response to the Legal Problems Posed by Environmental Whistleblowing*, University of Georgia School of Law, 1994.

工告发企业违法行为扫除障碍，并促使企业行为严格合规。此后，绝大部分的州都颁布了告发法案。这些法案都赋予单个员工提起民事诉讼的权利，但在细节上差别很大，在对告发者的定义、受保护的告发行为、告发程序等方面都有些不同，这显示了各州在面对相同问题时的不同尝试。

从受保护的告发主体来看，所有州的告发法案都保护公部门的告发者，但也有至少15个州的法案保护私部门的告发者。一般来说，只要拥有一定数量的员工，就可以被定义为“雇主”，只有4个州将政府的承包商也定义为“雇主”，为他们工作的人都可以受到法律的保护。有些州，对员工的保护还扩展到“代表员工工作的人”。[①]

从受保护的告发主题来看，对如何定义组织的“错误做法”，大多数的法案都包括对联邦、州或者地方法律的违反。虽然有这么宽泛的定义，但是仍然有两个法院认为如果法律并不影响公众，仅导致雇主损害，这样的法律是不能包括在内的。不少的法律有一些限定，比如，印第安纳州法规将雇主限于公共承包商，将对“法律的违反”仅限于“影响公共合同执行的法律”。[②] 纽约州要求这种违反“对公共健康和安全造成实质和特定的危险”。[③] 纽约州的法庭对这个条款所作的解释比较狭窄。路易斯安那州仅覆盖对环境法律法规的违反。田纳西州的“对法律的违反”中的“法律”包括所有环境法律法规。俄亥俄州仅覆盖刑事犯罪，当他们的行为可能对个人造

---

① Stefan Ruetzel, *“Snitching” For the Common Good: In Search of A Response to the Legal Problems Posed by Environmental Whistleblowing*, University of Georgia School of Law, 1994.

② IND. CODEANN. Sec. 22 – 5 – 3 – 3(a).

③ N. Y. LAB. LAW Sec. 740(2)(a).

成物理损害或者对公共健康和安全造成危害时,成为重型罪或者导致对一些环境法律的违反,在这种情形下的告发才受保护。[①] 最后,俄勒冈州的法规覆盖了对刑事犯罪行为的报告或者导致他人去报告。[②] 蒙大拿州的法规覆盖了对公共政策的违反,公共政策被定义为与公众健康、安全和福利与关的法规。[③]

从受保护的披露行为来看,虽然细节各有不同,但所有的法案都保护将违法行为向政府部门披露的行为,而且,所有法案中的告发接受者实际上包括所有级别的所有政府部门,向这些部门告发,都将得到法律的保护。大部分的法案对"披露"的解释不但包括"报告"或者"披露信息",有些还包括"孕育中的告发"(embryonic whistleblowing),间接告发或者以披露相威胁。

与州普通法不同,在各州的告发法案中,内部告发不仅受到不少州法规的保护,而且有7个州规定在寻求随之而来的外部告发的保护时,应优先进行内部控诉。纽约州、新泽西州、新罕布什尔州和缅因州要求员工提示监管者(新泽西州要求以书面方式)并给予合理的时间让雇主纠正错误的做法。然而,在缅因州和新罕布什尔州,如果员工有特定的理由认为雇主不会立即纠正错误的做法,这种提示也不是必要的。如果组织错误的做法将导致紧急状况的出现,员工在确认监管者已经知晓这一情况或者他害怕提示会带来身体损害时,在新泽西州的法律规定中,他是可以直接向外部告发的。在印第安纳州的法规中,员工必须先向雇主告发,除非雇主本身就

① Ohio Rev. CODEANN. Sec. 4113. 51.

② Sec. 659. 550(1)(3).

③ MONT. CODEANN. Sec. 39 – 2 – 904(1); Sec. 39 – 2 – 903(7).

是违法行为的执行者。即使是这样，员工也可以向雇主或者向州伦理委员会（state ethics commission）有权报告的机构报告。只有在接受者并没有在合理的时间内采取措施纠正这个错误时，员工才可以向外部告发。在俄亥俄州，在员工提示公司之后的24小时之内，如果雇主没有采取合理的行动来纠正错误，员工即可以向外部告发。[①]当然，也有一些州的法规明确规定，只有外部告发才是受保护的，甚至还有两个州的法规缺少告发接受者的规定。[②]

---

① Ohio Rev. CODEANN. Sec. 4113. 51； Phung v. Wastes Managementt, Inc. ,40 Or. App. 3d 130,532 N. E. 2d 195.

② OR. Rev. STAT. Sec. 659. 550； TENN. CODEANN. Sec. 50 - 1 - 304.

第五章　中国公益告发制度的设计

尽管“告发”一词并未出现在我国现有的法律中，但这并不意味着我国缺乏公益告发制度。我国虽然缺乏在“组织”环境下的告发制度，但是广义的公益告发制度是大量存在的，它们广泛存在于我国法律体系中的“检举”制度、“举报”制度和“揭发”制度。它们与公益告发制度“形似”而“神不似”，而且诸多重要的条款都付诸阙如，因此，公益告发制度未见功效也是可以想象的，此外，我国仍缺乏告发人诉讼制度，这使我国的公益告发制度欠缺十分重要的一个部分。

第一节　中国公益告发制度的分析及总体建议

一、我国现有公益告发法律法规

如前所述，我国并不存在“组织”语境下的公益告发制度,但却存在广义的公益告发制度,它们主要是检举制度、举报制度和揭发制度。类似的制度还有申诉制度和控告制度,但这两个制度的行为人都是违法和犯罪的直接受害人或近亲属,他们是为了自身利益而行动,显然不属于为公益而行动的公益告发制度。从检举、举报和揭发制度三者来看,无论行为人是谁、向什么部门进行"检举"、"举报"或"揭发","检举"、"举报"或"揭发"的主题是什么,它们的共同点都在于将违法(或犯罪)行为向相关部门进行告发,并希望这种错误行为得到纠正,都具有维护公共利益的性质,虽与本书所指公益告发制度相同,但是从笔者对我国现存法律的检索来看,我国法律并不存在鼓励"组织内"成员"检举"、"举报"或"揭发"的法律制度,可见,我国现有的公益告发制度只有"组织外"意义上的告发制度。虽然没有法律对组织内成员的"检举"、"举报"和"揭发"进行规定,但是这并不妨碍组织内成员对组织违法(或违罪)行为进行"检举"、"举报"或"揭发",由此,可以说,我国广义上的公益告发制度其实也是包含了本书所谓的"公益告发"制度的。只是我国法律没有将"公益告发"聚焦于其最有可能成功的地方——告发主体为"组织内成员"——使得其制度功能大打折扣。

"检举"、"举报"和"揭发"三个词常常被国人混用而不作区分,但从立法来看,"揭发"显然是可以马上与前两者区别开来的。因为"揭发"的主题都是"刑事犯罪",包含有"揭发"条款的法律法规全部集中于与刑事诉讼有关的司法解释、部门规章或地方法规。此外,"揭发"也常常与"检举"、"举报"并用,置于"检举"或"举报"之后，表示递进关系。[①] 可见，“揭发”与“检举”、“举报”在法律条文中是容易区分的，但是，若论“检举”与“举报”有什么区别，实际上十分困难。因为即使是在法律法规中，这两个词也经常混用。虽然有学者认为“检举”与“举报”存在较大区别，认为“检举是公民对于违法失职的国家机关及其工作人员，向有关机关揭发事实，请求依法处理的行为。而根据《中国大百科全书·法学》的解释，‘举报是一般公民或单位向公安机关、人民检察院和人民法院报告刑事案件，并检举犯罪人的行为’。”[②]从而认为，检举和举报在对象和权利属性上都存在较大区别。[③] 而他只是将《宪法》第41条关于公民检举权的规定与《中国大百科全书》中对于“举报”的解释作对比，得出的结论显然是勉强的。事实上，我国的法律法规中对于“检举”和“举报”这两个词一直都是混用的，从“广义”上讲，它们的含义完全相同，而这两个词的“狭义”也从来都没有固定过。因此，本书对这两个词不作区分，将检举制度和举报制度都视为广义的公益告发制度，而将揭发制度视为只针对犯罪行为的公益告发制度。

1982年，我国将“告发”条款写入宪法，这应该也是“告发”制度

---

① 在中国法律法规检索系统（网址：http://law.npc.gov.cn/）用“揭发”作关键词进行法律法规全文检索，可得1888条记录，再用“检举、揭发”作为关键词进行全文检索，仍可得922条记录；再换作“举报、揭发”，亦可得59条记录。

② 李志明：《公民检察权研究》，中国社会科学出版社2013年版，第20页。

③ “由此可见，举报的对象一般是一般人的犯罪行为，而检举的对象主要是国家机关及其工作人员的违法失职行为。检举的主体一般是与案件没有直接关系的公民，他们出于义愤或是为了保护公共利益而进行揭发，同时也包括向司法机关揭发犯罪的同案人。公民检举权是公民针对国家机关及其工作人员的违法失职行为而享有的权利，因而是一种宪法权利。而举报权是公民拥有的将其他公民的犯罪行为向公检法机关报告的权利，它并不属于宪法权利，而只是一种普通法上的权利。”李志明：《公民检察权研究》，中国社会科学出版社2013年版，第20页。

首次进入我国的法律体系。《宪法》第41条第1、2款规定："中华人民共和国公民对于任何国家机关和国家工作人员，有提出批评和建议的权利；对于任何国家机关和国家工作人员的违法失职行为，有向有关国家机关提出申诉、控告或者检举的权利，但是不得捏造或歪曲事实进行诬告陷害。对于公民的申诉、控告或检举，有关国家机关必须查清事实，负责处理。任何人不得压制和打击报复。"这个条文对告发主体、告发的主题、告发接受者，以及对告发的要求和对告发者的保护都有原则性的规定。从此之后，我国的公益告发的制度建设和实践迅速增多。

1988年3月，深圳市检察机关建立了我国第一个经济犯罪举报中心，成效显著。1988年6月，中共中央发布了《关于党和国家机关必须保持廉洁的通知》，该通知要求建立并逐步健全人民检举制度，在各级监察机关和检察机关设立举报中心，以及时揭露党和国家机关工作人员利用职务之便进行贿赂、贪污、偷税、抗税、挪用公款、出卖国家机密以及其他违法乱纪行为。① 从此之后，覆盖全国的举报网络在公安、检察、法院、纪检、监察、工商、海关等部门建立起来。1988年6月10日，最高人民检察院向全国各级检察机关发出《关于认真贯彻中共中央（1988）5号文件的通知》，明确要求各级检察机关设置经济罪案举报中心，接受群众检举，之后不到一年的时间，全国便有3168个检察院建立了举报中心。② 1997年5月颁布的《行政监察法》及2004年出台的《行政监察法实施条例》，都规定监察机关建立举报保密制度，严禁泄露举报人的个人信息，包括对举报人奖

① 参见李志明：《公民检察权研究》，中国社会科学出版社2013年版，第60页。

② 参见李志明：《公民检察权研究》，中国社会科学出版社2013年版，第60页。

励的制度。

1988年12月26日，最高人民检察院正式颁布《最高人民检察院举报工作若干规定（试行）》，使公民告发在中国第一次有了明确的规定和依据。1991年，最高人民检察院又颁布了《关于保护公民举报权利的规定》，对检察机关在受理和查处公民检举工作中如何保密、违反保密规定的责任以及打击报复检举人如何处理等问题作出了具体规定。此后，在1994年5月7日，最高人民检察院出台《最高人民检察院奖励举报有功人员暂行办法》，规定对举报有功人员进行物质或精神奖励。1996年7月18日，最高人民检察院颁布《人民检察院举报工作规定》。

除检察院外，其他部委、各级政府也颁布了大量的告发规章和法规。如《监察机关举报工作办法》《公安部举报中心试行办法》《税务违法案件举报奖励办法》《建设领域违法违规行为举报管理办法》《国家工商行政管理局关于受理违法广告举报工作的规定》《关于保护检举、控告人的规定》等。此外，《刑法》第78条第2款、《刑事诉讼法》第84~86条、《海关法》第80条、《环境保护法》第6条也都是关于公益告发的条款。

从司法解释和部委规章这个层级再往下看，关于公益告发的地方法规之多简直到了泛滥的地步，在北大法意的法律法规数据库[①]中，用“举报”作为关键词检索法规标题，可以检索到标题中含有“举报”的地方法规1065个，诸如《北京市质量技术监督打假举报奖励暂行规定》《北京市人事系统受理举报投诉公务员案件工作规则》

① 网址：http://www.lawyee.net/index.asp。

《北京市食品安全违法案件线索举报奖励办法》《北京市劳动和社会保障局关于印发〈北京市社会保险基金监督举报案件受理和奖金申请、发放程序〉的通知》《北京市物价局关于价格举报小额退款案件适用简易程序的批复》等;标题中包含“检举”的地方法规也有 45 个,诸如《北京市高级人民法院办公室关于转发市人大办公厅〈关于人民群众申诉、控告和检举的来信来访处理办法〉的通知》《北京市地方税务局检举发票违法案件奖励办法(暂行)》《北京市国家税务局对公民检举税务违章案件奖励暂行办法》《广东省人民代表大会常务委员会关于加强控告和检举犯罪问题的决定》等;标题中包含“揭发”的地方法规只有 2 个,它们是《安徽省高级人民法院关于认真做好犯罪嫌疑人、被告人检举揭发和犯罪时年龄的查证工作的通知》和《广东省高级人民法院、广东省人民检察院、广东省公安厅关于及时查证犯罪嫌疑人、被告人检举揭发、年龄问题的通知》。

二、我国现存公益告发制度存在的问题

第一,我国公益告发立法的层级太低。除《宪法》第 41 条关于公民告发权的原则性规定之外,我国没有关于公益告发的法律和行政法规,司法解释这个层级的只有 13 个(其中标题中包含“检举”的有 2 个,包含“举报”的有 11 个),部委规章这个层级的有 110 个,其余 1000 余个都是地方法规或规范性文件。总体来看,我国公益告发制度虽然看起来非常庞杂,但立法的层级显然太低。至少没有关于公益告发的专门立法,也没有关于公益告发的行政法规,更遑论公部门组织和私部门组织分别立法了。法规之多,可以看出司法机关、各级政府都认为公益告发是一个很有价值的制度,但层次不分

明,至少说明我们对公益告发制度重视不够。立法层次太低,法律对公民的教育和指引作用也会相对降低。公民就不太会去关注他在告发问题上的权利和义务,也无从知晓他若告发可以获得的利益。如果公民都不太熟悉公益告发方面的立法,对法律的执行势必也会带来致命的影响,法律就容易成为一纸空文。

第二,我国公益告发立法存在严重的"失焦"问题。首先,前已述及,我国的公益告发立法是"广义的"公益告发立法,所谓"广义",主要是指对"告发者"的定义并没有清晰的聚焦,实际上,我国公益告发立法对"告发者"没有下定义。这种立法模式的问题是显而易见的:因为告发者的多样性,在告发渠道的设计、告发者的激励和告发者的保护上是无法采取同一模式的。任何人可以针对任何错误行为进行告发显然不是一个有效的公益告发立法。其次,我国的立法对告发的主要人群——组织内的成员——采取了忽视的态度,他们当然是被我国公益告发立法所覆盖的人群。不可否认,组织外部也会有告发者,但是对组织的违法行为来说,这个告发者似乎只能算是"例外",也没有意义。因为组织外部的人基本上无法获取组织内部的违法信息,如果他有获取组织内部信息的条件,如组织的承包商或合作方等,立法完全可以将他们视同组织内成员——就如本书对告发者的定义一样。此外,如果组织外的人能够发现组织的违法行为,组织内的成员一定会比他先获知这个违法行为。由此可见,对组织的违法行为来说,公益告发只需要将焦点对准组织内部成员即可,如果告发渠道通畅,组织外成员的告发只是极低概率事件,公益告发立法完全没有必要在低概率事件上大费周章。

第三,缺乏对组织利益和公众利益的平衡机制。公益告发制度需要在社会公共利益与组织利益之间进行平衡,要进行两全的考虑。站在告发者和立法者的角度来看,他们当然会声称社会利益应当优于雇主的利益,而告发就是希望将雇主的违法信息向能够对其采取行动的主体进行披露,希望他们阻止雇主的违法行为,以免给社会大众带来损害。因此,公益告发要考虑社会公共利益,要考虑公益信息披露渠道的畅通和多元,这也是公益告发立法的宗旨所在。但是,如果我们站在组织的角度来看,组织当然不希望“违法”信息向组织外进行披露,因为向组织外进行披露会给组织的利益带来损害,有时甚至是致命的损害,更何况这种“违法”信息还有可能是由于告发者的误判呢?如果因为这种误判的信息向外披露而给组织带来损害,这对组织来说显然是不公平的。对企业来说,还将损害到广大员工和股东的利益,影响面是非常大的。由此可见,告发立法就是一个在公共利益和组织利益之间权衡的过程。我国现有的公益告发制度缺乏平衡组织利益和公众利益的概念。

三、我国公益告发立法的总体建议

我们之所以要对公益告发进行立法,那是因为我们越来越意识到我们的生活连接着他人,我们比从前更容易被别人的反社会行为所伤害。随着社会的发展,这种感觉会越来越强烈,对公益告发的需要也会较以往更甚。从我国的情况来看,我们的确迫切需要对公益告发进行专门立法,以缓解组织内部与整个社会之间信息的不平衡状态,使大众免受来自组织的违法行为的损害。至于法律的名称,按国际通用的叫法,如“公益披露法”“告发者保护法”是可行的,按中国人的习惯叫法,称为“举报人保护法”亦可。

接下来一个重要的问题就是立法模式的选择:公部门组织和私部门组织是统一立法,还是分别立法?国际上大部分的国家都是采取分别立法的模式,但也有不区分组织性质统一立法的先例,如英国著名的《公益披露法》以及澳大利亚的南澳大利亚州和昆士兰州的公益告发立法等。英国的《公益披露法》为什么对公部门组织和私部门组织采取统一立法模式呢?这是因为:(1)英国《公益披露法》的内容主要是对告发者提供保护,特别是告发者遭受报复后的赔偿问题,不涉及对于告发事项的调查;(2)英国《公益披露法》告发者的救济途径主要是基于劳动法设计的,引用的是《劳动权利法》(Employment Rights Act 1996)的4A部分,即"受保护的披露",公部门和私部门员工的救济途径都是一样的;(3)英国的劳动法适用范围是全国,而且覆盖公部门组织和私部门组织,不作区分。①

当然很多国家都不具备英国的条件,我国的情况似乎更为复杂。首先,我国的公部门组织的构成更为复杂,包括政府部门、立法机构、公共企业、非营利组织、事业单位等,相对私部门组织来说几乎就是"二元结构",存在两套截然不同的法律法规体系,在制度方面的兼容性很低,公部门组织的制度几乎无法延伸到私部门组织,对私部门组织的制度来说,也同样如此。其次,在我国公、私部门组织对何为"公益披露"的定义存在差别,因为公、私部门组织的"违法行为"类型存在很大不同:对公部门组织来说,主要是刑事犯罪或违法行为、政府官员的腐败、官员渎职和行政管理缺陷等;而对

---

① A. J. Brown, *Public Interest Disclosure Legislation in Australia: Towards the Next Generation*, Commonwealth Ombudsman, 2006:15.

私部门组织来说，则集中于组织的违法行为、产品质量和财务违规等方面。对“公益披露”不同的定义显然无法同时出现在一部法律当中。最后，我国对公、私部门员工的劳动权益保护采取的是多套体系，对公务人员、事业单位成员和私营企业员工的保护不是一套制度：对公务员来说，保护来自《公务员法》；事业单位职员则受《人事争议处理规定》《事业单位工作人员处分暂行规定》等法律调整；而私营企业员工则受《劳动法》调整，由《劳动法》为其提供保护。在现行法律体系下，公益告发制度无法对这几个部分进行整合。由此看来，我国的公益告发立法应采取公、私部门组织分别立法的模式。

第二节　中国公益告发保护制度设计

一、中国公益告发保护制度现状分析

我国告发者保护的现状特别严峻，告发者遭受打击报复的事情屡见于报纸和网络。比较典型的有两例。第一例是辽宁鞍山市国税局员工李某娟对其任职单位的告发案。2002 年 6 月，李某娟到国家税务总局告发鞍山国税局的五项违法行为：一是鞍山市国税局直属税务分局在 2001 年 12 月为 5 家企业非法减免增值税 9762 万元，非法减免所得税 19, 298 万元，两项合计 29, 060 万元；二是违规办理企业所得税退税 588 万元；三是扩大征收管理范围，代鞍山市政府收取价调基金；四是更改税收预算级次，将市级改为区级，从区财政取得税款收入 5% 的提成；五是设真假两套提成账，以获取更多的款

项。李某娟是实名举报任职单位的,在举报之后没有得到应有的保密和保护,等待她的是一连串的噩梦。她遭到单位同事的冷落,[①]单位的非正当监督、强制调岗。此后,她两次被辞退工作;被鞍山市公安局刑事拘留,然后又被劳动教养一年。[②] 第二例是交通银行锦州分行风险处诉讼科原科长鲍某和原科长下属董某、风险处普通职员刘某对交通银行锦州分行的告发,该三人联合告发该银行联合法院造假,用伪造的法律文书上报交通银行总行核销 175 户企业的"不良"贷款 2.21 亿元,告发之后,2003 年 8 月 22 日,3 人被投票"选"为待岗员工,还经常接到恐吓电话,被不明车辆跟踪。2003 年 11 月 11 日,鲍某在家门口遭遇 4 人持刀追砍。[③] 这两个案件并非个别情况,我国告发者得不到法律保护的情况确实十分严峻。

深究这其中的原因,我们不难发现,我国告发者保护制度存在较多的问题。

其一,覆盖的告发者范围极为有限。我国严格意义上的公益告发保护制度基本上都是由最高人民检察院制定的,其他的对告发者的保护条款都只有宣示意义,起不到实质的保护作用。最高人民检

① 李某娟在接受采访时说:"我们单位的同志谁也不敢跟我说话,害怕受牵连,就是吃饭的时候谁也不敢跟我坐在一张桌子上。"

② 参见《公务员举报国税局后被 2 次辞退劳教 1 年》,载新浪网新闻 2014 年 2 月 18 日,http://news.sina.com.cn/c/2006-03-28/12009463503.shtml。

③ 参见《举报却遭受打击报复三位审计大案举报人的险恶之路》,载中国经济网 2014 年 2 月 18 日,http://www.ce.cn/xwzx/gnsz/gdxw/200412/09/t20041209_2535025.shtml。

察院为了保护告发者，出台了不少文件，[①]包含了大量的对告发者保护的条款，但检察机关只是众多的告发受理机关之一，它所受理的只是对贪污、贿赂、渎职、侵权等职务犯罪行为的告发，具有极大的局限性，能覆盖的告发者也极为有限，也就是说，除了向检察机关进行告发可以获得他们的保护之外，向其他主体告发，或使用其他渠道告发，告发者基本上面临得不到保护的局面。

如果告发者在与其告发主题相关的诉讼中能够成为证人，《刑法》第308条的"打击报复证人罪"可以提供保护，但是对告发者的打击报复往往发生在其成为证人之前，《刑法》第308条的保护尚不可及。即使《刑法》对告发者提供保护，也是因为告发者身份的转换所致。也就是说，不是因为他是"告发者"而保护他，而是因为他是"证人"才保护他。这实际上已经不是告发者保护的范围，而是《刑法》对证人的法律保护。

其二，我国公益告发保护理念相对落后。我国对公益告发者的保护都集中于对告发接受机构"披露"信息的告发者的保护，这是一种粗糙的保护方式，因为它并未意识到在保护告发者的过程中仍需要注重对组织利益的平衡，忽视了告发者在告发的过程中仍需承担的一些义务。此外，我国的公益告发制度也没有意识到组织对告发

---

① 以时间为序：1988年，发布《关于开展举报工作有关事项的通知》；1989年1月10日，公布《人民检察院举报工作若干规定（试行）》；1991年5月6日，颁布《关于保护公民举报权利的规定》；1993年3月27日，颁布《关于加强举报工作的决定》；1994年5月7日，颁布《最高人民检察院奖励举报有功人员暂行办法》；1991年5月6日，颁布《关于保护公民举报权利的规定》；1993年3月27日，颁布《关于加强举报工作的决定》；2000年3月，发布《关于进一步加强保护举报人合法权益的通知》；2001年3月，发布《关于认真做好署名举报答复工作通知》；2005年12月21日，发布《关于逐步实现举报线索专线网传输通知》；2007年，发布《关于进一步加强和改进举报线索管理工作的通知》。

者保护的重要性,缺乏对组织保护告发者的强制性或引导性规定。

其三,保护措施极为有限。综观我国有限的告发保护立法,发现我国对告发者最重要的保护措施就是对告发者身份的保密,比如,“专人接谈,无关人员不得旁听”“严防举报材料泄露或遗失”“严禁将举报人的情况透露或转给被举报人”“在宣传报道中不能公开举报人姓名和单位”等,这些当然也是有效的保护措施,但是这远远不够。国外立法常用的措施,如对恶意解雇的无效,不利对待的防止,对告发人罪责的减免等方法对保护告发者来说其实都是必要的,我们应该对这些制度进行积极借鉴。

其四,救济渠道有限。我国告发者保护制度还有一个问题,那就是如果告发者真的受到雇主的报复,现行法律基本上无法为他提供救济途径。除了单行法律法规或地方性规范性文件中出现的告发保护制度之外,从理论上讲,能够给告发者提供保护的制度至少应该包括对公、私部门组织的雇员的保护法律,如对公部门组织雇员提供保护的《公务员法》和《行政监察法》等,对私部门组织雇员提供保护的《劳动法》,但是,遗憾的是,我国并无组织内告发的理念,这些法律也并无这方面的考虑,这导致告发者如果遭受雇主的报复,他实际上是无法通过司法途径获得救济的。

二、结构化的保护制度设计

公益告发制度的难点在于平衡组织和社会大众的利益,在对告发者提供保护的同时,必须兼顾对组织利益的保护。英国《公益披露法》给我们提供了一个结构化的渠道设计及告发者保护的模式。这种立法可以为在组织内部告发的雇员提供法律保护。在内部告发失败之后,雇员如果向限定的政府管理部门告发,也可以得到来自它的保护。如果这两种途径俱告失败,最宽范围的告发仍然受到法律的保护。虽然这部法律有诸多的条件限制和例外规定,但是我们仍然可以从中概括出它的模式,包括内部和外部告发,将组织利益和公众利益之间的平衡制度化,以及这些渠道之间如何进行关联和互动。英国《公益披露法》在告发渠道上的设计,由里而外,包括组织内部、社会代表机构(政府职能部门)和社会层面的机构。

20 世纪 70 年代早期,告发激进主义者希望向组织课以让其行为接受公众审查的义务,这对组织利益的保护显然不利,但英国《公益披露法》所提供的这个三层模式为组织错误行为信息的公众披露与为保护利益将这种信息远离公共领域之间提供了一个更为平衡的方法。在第一层,这种信息没有离开组织。在第二层,信息被作为社会代表的政府机构所知悉,但是第二层的告发,必须是在第一层的告发不成功的情况下才能使用的,换句话说,当组织没有纠正它的不法行为时或对雇员的告发并没有采取足够的措施时,告发者才可以进行第二层的告发,第二层告发的启动对于组织来说具有威慑作用。第二层与第三层的关系也与此相似,如果第二层没有阻止或者纠正组织的不法行为,第三层将作为监督者的身份出现。简言之,建立这样一个三层模式并不意味着组织行为要直接对社会负责,只是当雇员提起关系到社会问题的内部告发时,组织有义务采取足够的措施来处理这个告发。就我们对告发者和告发程序的熟知程度,对保护社会和组织利益来说,这种义务的模式已经是最理想的模式了。[①]

这种三层模式有几个至关重要的特征:第一,告发机制必须包括这三层。比如,如果第三层不存在,这种机制将不能在更宽广的社会层面保护告发。因此,这种平衡原则将会被打破,如果第一层和第二层对更宽广的社会公众不负有责任,也显然不是我们所追求的标准模式。第二,第二层必须位于第一层的组织边界之外,但对第一层的组织负有控制任务,因为它是作为社会的政治上的代表的身份出现的。第三,对第二层和第三层来说,就劳动者的地位及他们告发的主题而言,告发可及性的标准应像第一层一样。[②] 我们可以说英国《公益披露法》是结构化告发渠道的集大成者,但是日本的《告发者保护法》显然又对其作出一些改进。日本《公益告发者保护法》借鉴英国《公益披露法》的痕迹非常明显,除了规定内部告发前置之外,对外部告发也作了结构化的处理。

我们应该达成一种共识:首先,告发者显然并不是去组织外面捣乱的不忠诚的雇员。他们认为自己的告发行为是对他们所服务的组织有利的行为。其次,告发者如果不是因为不能成功在组织内部告发,引起组织的重视,或者因为告发而遭受了组织的报复,他们一般不会去组织外部告发的。因此,立法应该保护这些在内部告发

① Vandekerckhove W., *European Whistleblower Protection*: *Tiers or Tears*?, in Edward Elgar. A Global Approach to Public Interest Disclosure, Cheltenham/Northampton MA, 2010: 15 - 35.

② Vandekerckhove W., *European Whistleblower Protection*: *Tiers or Tears*?, in Edward Elgar. A Global Approach to Public Interest Disclosure, Cheltenham/Northampton MA, 2010: 15 - 35.

以引起组织重视的雇员。[①] 所以，公益告发在渠道设计上应考虑：（1）是否将内部告发与外部告发同等对待；（2）组织是否有义务建立内部告发渠道；（3）在什么情况下内部渠道可以减少对外部告发的需要。

此外，从组织外部告发渠道来看，向媒体机构或因特网的告发又不同于向政府职能部门（如环保局、公安局和信访部门等）的告发，因为媒体机构和因特网的巨大影响力，它对组织可能造成的影响显然会大于政府职能部门，因而更应该谨慎。有学者建议，唯有当组织内部通道和其他外部通道都已经失效的情况下，才可以向媒体机构进行告发。[②] 由此看来，即使是组织外部的告发渠道，也应作结构化递进式的处理，才能更好地平衡社会利益和组织利益，同时也有利于对告发者采取更为科学的保护措施。

具体到我国，笔者认为公益告发的结构化渠道应该包括三层：第一层是组织内部。这一层面的告发，告发者披露的信息仍在组织内部，没有扩散到社会层面，不会给组织带来损害，因此，这一层的告发应当前置，即要优先使用内部告发渠道。组织内部的告发渠道由组织设立，应以设立两个以上的告发接受者为宜。第二层是政府职能部门。这一层以社会的政治代表人的身份出现，告发者的信息如果披露到这一层，若告发不真实，职能部门在调查后未作处理，告

---

① Vandekerckhove W., *European Whistleblower Protection: Tiers or Tears?*, in Edward Elgar. A Global Approach to Public Interest Disclosure, Cheltenham/Northampton MA, 2010: 15 - 35.

② Jenny Mendelsohn, *Calling the Boss or Calling the Press: A Comparison of British and American Responses to Internal and External Whistleblowing*, Washington University Global Studies Law Review, 2009, 8(4): 723 - 745.

发的信息不会再进一步扩散；如果职能部门在调查之后，认为组织的行为违法，对其作出了处理，并向社会公布了处理情况，组织若因此而受损，那也是组织因为违法而应承受的代价，是咎由自取。当雇员合理相信内部告发已经失效，而他们不会得到来自雇主的积极回应；或告发的事项属于紧急、危险或者重大，且不能通过内部渠道解决只能求助于外部时，雇员可以告发到这一层。对公部门组织来说，这一层的告发接受者还应包括党的机构，如纪委、监察委员会等。第三层为社会组织，主要包括公益组织、媒体机构和因特网①等。当告发者发现内部和外部接受者都无法纠正组织的反常行为也不能有效阻止雇主错误行为的发生或恶化时，雇员可以求助于媒体或公布于因特网。因为媒体告发可能会对组织和公众带来损害的后果，为了平衡各方的利益，对选择媒体作为第一接受者进行告发的告发者应课以严格的证明责任。

这里还涉及告发人诉讼所处层级问题，因告发人诉讼的接受者是法院，法院属于司法部门，是并列于政府职能机构的，当属第二层的机构，将其列于第二层为宜，亦即告发者在提起告发人诉讼之前，应先穷尽内部告发渠道。如果宽松一些的话，至少也应先进行某种类型的内部告发。

---

① 有学者认为因特网和媒体的覆盖范围不大，传播力量差别较大，主张将媒体和因特网这两个告发接受者设计成一个递进式结构，即告发者的第三层告发应止于媒体，只有在媒体告发也无法满足其告发的期望时，才可以将告发进行到第四层——因特网。See Yu-HaoYeh, *The Effectiveness of the Whistleblower Protection Under The Sarbanes-Oxley Section* 806 *In Corporate Governance*, University of Kansas, 2011，但实际上在我国，媒体和因特网的界限并不是那么清楚，媒体报道的事情，马上就会在因特网上找到资讯，因此，将它们分列是没有意义的。

三、雇主和告发接收机构的保护责任

从告发的流程来看，可以给告发者提供保护的主体至少有组织、告发受理部门和司法部门，因司法部门的居中和消极性，不宜承担保护告发者的行政上的责任，对组织和告发受理部门来说，法律应对它们课以保护告发者的责任，为告发者构建一个可靠的保护体系。

对告发者来说，来自他所服务的组织的保护是重要的。这当然与一个组织的告发文化有关，一些鼓励告发的组织会乐于为告发者提供保护，但是，如果组织本身都排斥告发，那就需要法律的强制性规定了。比如，美国的《萨班斯－奥克斯利法案》就要求企业建立内部告发程序，并保证该程序的完整性和有效性，还要有外部审计员证明该内部程序的适当性，如果企业做不到这一点，国家证券交易所以及国家证券协会将不允许这个公司的证券上市交易。[①] 我国其实也有类似的规定，比如，2008 年 5 月 22 日由财政部、证监会、审计署、原银监会、原保监会联合制定并发布的《企业内部控制基本规范》，该规范的宗旨是加强和规范企业内部控制，提高企业经营管理水平和风险防范能力，促进企业可持续发展，目标在于"合理保证企业经营管理合法合规、资产安全、财务报告及相关信息真实完整，提高经营效率和效果，促进企业实现发展战略"，该法第 43 条即要求："企业应当建立举报投诉制度和举报人保护制度，设置举报专线，明确举报投诉处理程序、办理时限和办结要求，确保举报、投诉成为有效掌握信息的重要途径。举报投诉制度和举报人保护制度应当及

---

① John F. Kros & Scott S. Nadler, *The Impact of Sarbanes-Oxley on Off-Balance Sheet Supply Chain Activities*, Journal of Business Logistics, Vol. 31, No. 1, 2010, p. 63 – 77.

时传达至全体员工。"综观该规范全文,也仅有此一规定而已,不但规定本身过于笼统、简单,可操作性差,难以对企业设立公益告发机制起到有效指引作用,而且,作为部门规章,其效力层次过低,在实施层面也不足以产生令企业严格遵守的效果。①

告发者所在的组织对告发者的保护责任是首要的,立法应对组织课以保护告发者的法律责任。澳大利亚的一个级别很高的告发者研究项目②的研究报告认为,立法应规定(公部门)组织的保护责任包括:(1)建立一个接收、记录和调查告发的合适的内部程序,来保护告发者和告发者的隐私;(2)确保组织的成员都知悉他们的法律责任,包括支持和保护告发者的责任;(3)接受一个告发,评估告发者——或其他人——是否面临损害的危险以及是否需要特别的保护;(4)如果必要,采取所有合理的措施来保护告发者免受直接或间接,现实或可预期的损害;(5)如果有人因为告发而受损害,要采取补救行动;(6)组织的高级执行人员应确保机构能够很好地承担这些责任。③ 此外,还有对告发者受到损害后的补救措施。当一个人因为告发而受到损害时,其所在的组织应采取下列补救行动,如果没有采取,监督机构应设法防止这种情况的出现或自己采取补救

---

① 参见李飞:《法律如何面对公益告发——法理与制度的框架性分析》,载《清华法学》2012年第1期。

② 这个项目的名称为"Whistling While They Work",由澳大利亚研究理事会资助,自2005年开始至2008年结束。这项研究是澳大利亚有史以来最大的关于这方面的研究项目,如果按人口平均,也是世界上最大的项目之一,参与研究的有6所大学,多个国际合作者以及14个协作组织,也包括许多澳大利亚廉政机构和公共部门管理机构。

③ A. J. Brown, Paul Latimer, John McMillan and Chris Wheeler, *Best-practice whistleblowing legislation for the public sector: the key principles*, in A. J. Brown (ed.) Whistleblowing in the Australian public Sector, Australian National University, 2008, p. 261 – 288.

措施：[①](1)阻止损害行为或防止它的再次发生，包括通过禁令的形式；(2)将员工放在没有损害行为发生时他曾经的环境中，在有必要的时候将其调动到另一个等同的位置上(要通知员工并经过他的同意)；(3)道歉；(4)如果损害是完全可以阻止、避免或减少的，对其所受的损害的补偿(金钱上的或/和非金钱上的)；(5)对应对损害负责的人采取纪律惩戒或刑事处罚；(6)对赔偿请求的管辖应授予低成本但有专家决定雇主和雇员的权利和义务的法庭；(7)还应考虑减少或倒置对损害行为的证明责任，要求负有责任的机构来解释损害并不是因为告发产生的。

至于告发接受机构对告发者的保护，日本和韩国的立法都有较为完善的规定，可供我们借鉴。如日本《公益告发者保护法》第 10 条第 1 款规定的"调查及采取措施"的义务以及第 11 条规定的"告知及转交"义务，韩国《公益告发者保护法》第 9 条规定的告发接受机构的"确认和转交举报材料"的义务以及第 10 条规定的对告发的处理义务。我国检察机关有不少关于保护告发者的立法规定，类似的规定应扩大到其他告发接受机构，立法应要求这些机构对告发者采取保护措施，使他们免受告发所带来的人身损害。

四、增加对告发者的保护措施

在我国有限的告发者保护制度中，保护措施中最主要的就是对告发者身份的保护，非经告发者同意，要对其身份严格保密。当然，

---

① A. J. Brown, Paul Latimer, John McMillan and Chris Wheeler, *Best-practice whistleblowing legislation for the public sector: the key principles*, in A. J. Brown (ed.) Whistleblowing in the Australian public Sector, Australian National University, 2008, p. 261 - 288.

在告发者的所有保护制度当中,对告发者身份信息的保护几乎是最重要的制度。如果能够做到对告发者的信息严格保密,被告发者的报复就没有对象,告发者的处境就不会因为告发而受到任何影响,《人民检察院举报工作规定》第59条、①最高人民检察院《关于进一步加强保护举报人合法权益的通知》(2000年3月31日)第3条,②以及最高人民检察院《关于保护公民举报权利的规定》第3条③都是

① 该条规定:"各级人民检察院应当采取下列保密措施:(一)举报线索由专人录入专用计算机,加密码严格管理,未经检察长批准,其他工作人员不得查看。(二)举报材料应当放置于保密场所,保密场所应当配备保密设备。未经许可,无关人员不得进入保密场所。(三)向检察长报送举报线索时,应当将材料用机要袋密封,并填写机要编号,由检察长亲自拆封。(四)严禁泄露举报内容以及举报人姓名、住址、电话等个人信息,严禁将举报材料转给被举报人或者被举报单位。(五)调查核实情况时,严禁出示举报线索原件或者复印件;除侦查工作需要外,严禁对匿名举报线索材料进行笔迹鉴定。(六)其他应当采取的保密措施。"

② 该条规定:检察机关受理公民举报和查处举报案件,必须严格保密。(1)受理举报应在固定场所进行,专人接谈,无关人员不得接待、旁听和询问。(2)举报信件的收发、拆阅、登记、转办、保管和当面或电话举报的接待、接听、记录、录音等工作,应建立健全责任制,严防泄露或遗失举报材料。(3)对举报人的姓名、工作单位、家庭住址等有关情况及举报的内容必须严格保密,举报材料不准私自摘抄和复制。(4)严禁将举报材料和举报人的有关情况透露或转给被举报单位、被举报人。向被举报单位或被举报人调查情况时,不得出示举报材料原件或复印件。(5)任何单位和个人不得追查举报人,对匿名举报除侦查工作需要外,不准鉴定笔迹。(6)向举报人核查情况时,应在做好保密工作、不暴露举报人身份的情况下进行。(7)在宣传报道和对举报有功人员的奖励工作中,除征得举报人的同意外,不得公开举报人的姓名、单位。

③ 该条规定:检察机关受理公民举报和查处举报案件,必须严格保密。(1)受理举报应在固定场所进行,专人接谈,无关人员不得接待、旁听和询问。(2)举报信件的收发、拆阅、登记、转办、保管和当面或电话举报的接待、接听、记录、录音等工作,应建立健全责任制,严防泄露或遗失举报材料。(3)对举报人的姓名、工作单位、家庭住址等有关情况及举报的内容必须严格保密,举报材料和不私自摘抄和复制。(4)严禁将举报材料和举报人的有关情况透露或转给被举报单位、被举报人。向被举报单位或被举报人调查情况时,不得出示举报材料原件或复印件。(5)任何单位和个人不得追查举报人,对匿名举报除侦查工作需要外,不准鉴定笔迹。(6)向举报人核查情况时,应在做好保密工作、不暴露举报人身份的情况下进行。(7)在宣传报道和对举报有功人员的奖励工作中,除征得举报人的同意外,不得公开举报人的姓名、单位。

关于对告发者身份保密的规定,这些规定大同小异,可供其他对告发者具有保护义务的机构借鉴,我们也应该通过立法对其他机构课以相似的保护告发者的义务。

有些国家的立法出于对告发者的保护,规定匿名告发的有效性,但从实践来看,完全的匿名也是不合理的。如果告发者提交一个未签名的告发文件,也可能会提供不标示来源的有罪证据。告发者若是为了避免报复而隐藏他们的个人信息,这样将面临失去告发有效性的风险,至少有三个原因:第一,组织成员将(dismiss)不愿意面对告发者的告发,而且可能会给被指控者面对他们的机会,从而弱化了匿名告发者告发的有效性。第二,如果告发者不提供足够的关于错误做法的证据,接受者将无法从他们那获得进一步的信息,削弱了告发文件的权威性(expert power)。第三,匿名告发会减少告发的可信度。一个人可能希望进行匿名,为了防止报复,但是在有些情况下是困难的。告发者保护法,并不能很好地防止报复。另一个保持匿名的方法是,告发者在面对接受人时显示自己的身份,但是要求他们的身份信息不会透露给其他人。这样做可以增加可信度也有利于接受者的调查;当然,这样做也有一个坏处,那就是当告发接受人希望影响告发者时,他们可以将透露告发者的身份信息作为威胁。可见,告发者在告发开始时显示身份而不是要求匿名,这样可以增加告发的有效性,尽管这样做可能会减少可信度。

除了对告发者身份信息保护的措施之外,我国并无其他措施来保护告发者。国外常用的措施,如因告发所致的解雇无效,禁止对告发者采取不利处分,对告发者实行罪责减免等措施都是十分有效的方法，也基本都为各国法律所确认，我们应该在立法中增加这些保护措施，以便为告发者提供更全面的保护。此外，韩国在对告发者的保护中增加了刑事责任的规定，[①]使该国法律对告发者的保护更加严格，这样的做法也值得我们借鉴。

五、公部门组织的告发人救济制度

告发者因为避免公共利益受损而勇于告发，应受法律保护，应使其免于承担刑事或民事上的责任，或其他的损害。比如，这个人不应因为违反了保密条款而被起诉；不应招致民事上的责任，比如，因“诽谤”或“泄露机密”；[②]不能受到纪律处分或其他工作上的制裁，比如，减薪、降职或解雇；如果告发者因为告发而受到这些损害，应该为他提供法律上的救济。对公部门组织的告发者来说，我国现在的告发者保护制度不乏对告发者的保护条款，比如，《人民检察院

① 韩国《公益告发者保护法》第30条规定：“（1）对符合以下情形之一的人员，处3年以下有期徒刑或3000万（韩币）以下的罚金：①违反第10条第5款的规定，公开被举报者个人信息等举报内容的；②违反第12条第1款的规定，向他人告知、公开、报道了举报者或假想的举报者及其个人信息的。（2）对符合以下情形之一的人员，处2年以下有期徒刑或2000万（韩币）以下的罚金：①违反第15条第1款的规定，对举报者采取了第2条第6款第1项所述的不利措施的；②不履行依照第21条第2款规定已经生效的决定或提起行政诉讼后生效的保护措施的。（3）对符合以下情形之一的人员，处1年以下有期徒刑或1000万（韩币）以下的罚金：①违反第15条第1款的规定对举报者采取了第2条第6款第2项至第7项所述的不利措施的；②违反第15条第2款的规定，妨碍举报者举报或强迫举报者放弃举报的。”

② 《国家公务员法》第59条规定：“公务员应当遵纪守法，不得有下列行为：……（十一）泄露国家秘密或者工作秘密；……”

举报工作规定》第六章、[①]最高人民检察院《关于进一步加强保护举报人合法权益的通知》第4～8条、最高人民检察院《关于保护公民举报权利的规定》第4～8条都有较为详细的规定，但是这些规定还存在一些问题，李某娟就是典型的例子。因为公部门组织拥有行政权力，也拥有庞大的资源，容易给告发者施加不利影响。

我国现有对告发者的保护基本上都是由告发受理机构提供的，保护程序无法由告发者本人启动。告发者最常见的报复都是来自

① 《人民检察院举报工作规定》第六章“举报人保护”第59条规定：“各级人民检察院应当采取下列保密措施：（一）举报线索由专人录入专用计算机，加密码严格管理，未经检察长批准，其他工作人员不得查看。（二）举报材料应当放置于保密场所，保密场所应当配备保密设施。未经许可，无关人员不得进入保密场所。（三）向检察长报送举报线索时，应当将相关材料用机要袋密封，并填写机要编号，由检察长亲自拆封。（四）严禁泄露举报内容以及举报人姓名、住址、电话等个人信息，严禁将举报材料转给被举报人或者被举报单位。（五）调查核实情况时，严禁出示举报线索原件或者复印件；除侦查工作需要外，严禁对匿名举报线索材料进行笔迹鉴定。（六）其他应当采取的保密措施。”第60条规定：“举报中心应当指定专人负责受理网上举报，严格管理举报网站服务器的用户名和密码，并适时更换。利用检察专线网处理举报线索的计算机应当与互联网实行物理隔离。通过网络联系、答复举报人时，应当核对密码，答复时不得涉及举报具体内容。”第61条规定：“人民检察院受理实名举报后，应当对举报风险进行评估，必要时应当制定举报人保护预案，预防和处置打击报复实名举报人的行为。”第62条规定：“举报人向人民检察院实名举报后，在人身、财产安全受到威胁向人民检察院求助时，举报中心或者侦查部门应当迅速查明情况，向检察长报告。认为威胁确实存在的，应当及时通知当地公安机关；情况紧急的，应当先指派法警采取人身保护的临时措施保护举报人，并及时通知当地公安机关。”第63条规定：“举报人确有必要在诉讼中作证时，应当采取以下保护措施：（一）不公开真实姓名、住址和工作单位等个人信息；（二）采取不暴露外貌、真实声音等出庭作证措施；（三）禁止特定的人员接触举报人及其近亲属；（四）对举报人人身和住宅采取专门性保护措施；（五）其他必要的保护措施。”第64条规定：“对打击报复或者指使他人打击报复举报人及其近亲属的，经调查核实，应当视情节轻重分别作出处理：（一）尚未构成犯罪的，提出检察建议，移送主管机关或者部门处理；（二）构成犯罪的，依法追究刑事责任。”第65条规定：“对举报人因受打击报复，造成人身伤害或者名誉损害、财产损失的，应当支持其依法提出赔偿请求。”

工作场所，比如，李某娟所受到的同事的疏离、强制调岗、辞退，以及鲍某三人所遭遇的“被投票选为待岗职工”，这类保护其实应由劳动法提供，但是我国的公部门组织中，劳动法所覆盖的范围有限，公务员或事业单位职工是不适用劳动法的，只有《公务员法》可供适用或参照适用。[①] 目前最大的问题是，公务员和事业单位编内人员肯定不能被《劳动法》覆盖，这些员工的权益如果受到损害，只有走申诉和控告的途径，缺乏司法救济途径。[②]

鉴于此，公部门组织的告发者若因告发而遭受组织报复，如李某娟所遭受的那样，告发者只能依靠行政途径进行申诉和控告，但是如果只是在上级单位进行申诉和控告，这种途径基本上不会奏效，即使是行政监察机关，[③]对被告发单位也只有建议权，并无强制执行权。这也许还不是最重要的问题，最重要的问题是，我国并没有任何法律规定公部门的告发者在工作场所的权益如果受损，其所在的组织应如何对其进行赔偿。所以，公益告发立法应对当前所缺乏的——对进行公益告发但生活和职业都受到影响的公务员的赔偿问题——作出回应。为了告发雇员的福利，包括为公部门的管理

① 事业单位编内职工的权益保护问题有时也会参照《劳动法》的相关规定，但是，无论是参照《公务员法》，还是参照《劳动法》，都不能诉至法院，只能通过行政途径解决问题。

② 我国《行政诉讼法》第 12 条规定，人民法院不受理就“行政机关对行政机关工作人员的奖惩、任免等决定”和“法律规定由行政机关最终裁决的行政行为”提起的诉讼。

③ 《行政监察法》第 6 条规定：“监察工作应当依靠群众。监察机关建立举报制度，公民、法人或者其他组织对于任何国家行政机关及其公务员和国家行政机关任命的其他人员的违反行政纪律行为，有权向监察机关提出控告或者检举。监察机关应当受理举报并依法调查处理；对实名举报的，应当将处理结果等情况予以回复。监察机关应当对举报事项、举报受理情况以及与举报人相关的信息予以保密，保护举报人的合法权益，具体办法由国务院规定。”

者承担义务和保护安全的工作环境、减少告发的负面影响，应重新定义雇主的法律责任。

六、私部门组织的告发人救济制度

因为对告发者所能获得的组织内部信息的倚重，我国许多单行法律法规都规定了公益告发条款，但是这些单行的法律法规都没有对告发者的保护条款，在我国，对私部门组织的告发者，能提供法律保护的只能是《劳动法》。从理论上讲，相比公部门的告发者来说，私部门的告发者如果在工作场所的权益受到损害，他是可以依照《劳动法》的规定申请劳动仲裁，再提起民事诉讼的——不像公部门的告发者只能依靠申诉和控告这样的行政救济途径。比公部门的告发者幸运的是，私部门的告发者如果劳动权益受损，可以主动采取司法救济途径，可使雇主的行为接受法律的审查，但这显然只是乐观的推测，我国《劳动法》的立法宗旨是保护劳动者的劳动权益，并未将告发纳入考虑范围，即使能够提供一些有限的保护，对告发者来说，也是远远不够的。

从表面来看，我国《劳动法》确实有些超前：与美国奉行的“雇佣自由”不同，在我国，用人单位并没有随意解雇劳动者的权利。即使是劳动合同到期，劳动者也仍有续签的权利，用人单位如果不续签，仍应向劳动者支付经济补偿。[①] 根据《劳动合同法》第 39 条

① 《劳动合同法》第 46 条规定，“有下列情形之一的，用人单位应当向劳动者支付经济补偿：……（五）除用人单位维持或者提高劳动合同约定条件续订劳动合同，劳动者不同意续订的情形外，依照本法第四十四条第一项规定终止固定期限劳动合同的”；《劳动合同法》第 44 条规定：“有下列情形之一的，劳动合同终止：（一）劳动合同期满的；……”

的规定，用人单位只有在六种情形下，才可以将劳动者单方解雇。[①] 除非用人单位在规章制度中将“告发”列为“严重违反用人单位规章制度”的情形，且规章制度的制定是符合民主程序的，劳动者告发用人单位，用人单位根据规章制度的规定将期解雇，用人单位才有可能不用承担“违法解除劳动合同”[②]的责任。当然，即使如此，劳动者如果诉至法院，用人单位的这种规定也有可能因为违反法律的规定而被法院认定为无效，用人单位仍应对劳动者进行赔偿。[③] 由此可见，在私部门组织中，即使雇员因为告发而惹怒用人单位，用人单位欲将其“除之而后快”不是那么容易的事情。此外，对告发者进行“强制调岗”也并非易事，《劳动合同法》第 35 条第 1 款规定：“用人单位与劳动者协商一致，可以变更劳动合同约定的内容。”如果要调动劳动者的工作岗位，必须征得劳动者的同意，否则劳动者可以拒绝。在私部门组织中的劳动者不会被用

① 《劳动合同法》第 39 条规定：“劳动者有下列情形之一的，用人单位可以解除劳动合同：(一) 在试用期间被证明不符合录用条件的；(二) 严重违反用人单位的规章制度的；(三) 严重失职，营私舞弊，给用人单位造成重大损害的；(四) 劳动者同时与其他用人单位建立劳动关系，对完成本单位的工作任务造成严重影响，或者经用人单位提出，拒不改正的；(五) 因本法第二十六条第一款第一项规定的情形致使劳动合同无效的；(六) 被依法追究刑事责任的。”

② 应向劳动者支付赔偿金，即每工作一年赔偿两个月工资。《劳动合同法》第 48 条规定：“用人单位违反本法规定解除或者终止劳动合同，劳动者要求继续履行劳动合同的，用人单位应当继续履行；劳动者不要求继续履行劳动合同或者劳动合同已经不能继续履行的，用人单位应当依照本法第八十七条规定支付赔偿金。”第 87 条规定：“用人单位违反本法规定解除或者终止劳动合同的，应当依照本法第四十七条规定的经济补偿标准的二倍向劳动者支付赔偿金。”

③ 《劳动法》第 89 条规定：“用人单位制定的劳动规章制度违反法律、法规规定的，由劳动行政部门给予警告，责令改正；对劳动者造成损害的，应当承担赔偿责任。”这就体现了规章制度必须合法内容。

人单位随意解雇或强制调岗，这是我国《劳动法》值得肯定的进步，对告发者的保护也具有积极意义，但是如果用人单位采取“解雇”或“强制调岗”或以外的方法来报复告发者，情况就会十分悲观。本书前面列举了美国行政机关和法院在实践中禁止的组织对雇员采取的报复手段，共计28个类型，[①]除了可以解释为“解雇”或“强制调岗”的行为之外，都是不受我国《劳动法》所规制的行为，用人单位可以任意为之，以此作为对告发者的报复，逼告发者自离。由此可见，我国《劳动法》对告发者的保护的范围仍应加大。

第三节 中国公益告发奖励制度设计

一、中国公益告发奖励制度分析

我国公益告发制度未对组织内成员或组织外成员的告发进行区分，也基本上未对公部门组织的告发或私部门组织的告发进行区分，对于告发者的奖励条款虽然较多，基本上也是由行政

① 包括职位取消/减员；调岗和降职；推定解雇（或使工作条件变得困难迫使员工离职）；列入黑名单；调至不愿意去的岗位；在影响雇员机会的评价中进行恶评；报复性规定职位考核时应作心理健康检查；对不要求护送进入工作场所的拒绝；暂停测试证书；拒绝升职；威胁；报复性骚扰或造成恐吓和强迫的行为；调至雇员无法行使监督职能的职位；传播负面意见和其他形式的苛刻批评；换办公室并取消停车及进出特权；向评价检查公司出具负责评价；调至一个有较少机会挣得加班工资的职位；拒绝重雇或拒绝录用；临时解雇；未将员工召回工作；拒绝加班要求或不准员工休息；拒绝推荐员工到另一雇主处工作；取消停车特权；敌意的工作环境；给钱让员工封口；对被保护的行为不适当地进行强制性质疑；对员工言论会造成“寒蝉效应”的骚扰行为；制定会影响或禁止受保护的行为的制度。

部门根据提供行政服务的需要制定的，显得十分杂乱。司法解释及规章层级的告发专门立法有：最高人民检察院为了“鼓励人民群众举报贪污、贿赂等犯罪”，于1994年5月制定了《奖励举报有功人员暂行办法》，如果告发者向最高人民检察院举报国家工作人员贪污、贿赂、挪用公款、偷税抗税等经济犯罪和“侵权”、渎职等法纪犯罪的“大案要案”，如果“经侦查属实”且“被举报人被依法追究刑事责任的”，“对举报有功人员和单位给予精神、物质奖励”。该办法层级较高，但对告发者的奖励并未规定具体的数额，且将精神奖励列于物质奖励之前。条款较少，立法技术显得较为粗糙。国家税务总局于2007年3月1日颁布施行的《检举纳税人税收违法行为奖励暂行办法》，该告发奖励制度是为了促进《税收征收管理法》的实施而制定的，希望通过告发者对税收违法行为的告发来促进公共法律的执行。该办法对告发者可以获得奖励的数额、①奖励资金的筹集、领奖的方式及不予奖

① 如该办法第6～13条，以第6条为例，该条规定：“检举的税收违法行为经税务机关立案查实处理并依法将税款收缴入库后，根据本案检举时效、检举材料中提供的线索和证据翔实程度、检举内容与查实内容相符程度以及收缴入库的税款数额，按照以下标准对本案检举人计发奖金：（一）收缴入库税款数额在1亿元以上的，给予10万元以下的奖金；（二）收缴入库税款数额在5000万元以上不足1亿元的，给予6万元以下的奖金；（三）收缴入库税款数额在1000万元以上不足5000万元的，给予4万元以下的奖金；（四）收缴入库税款数额在500万元以上不足1000万元的，给予2万元以下的奖金；（五）收缴入库税款数额在100万元以上不足500万元的，给予1万元以下的奖金；（六）收缴入库税款数额在100万元以下的，给予5000元以下的奖金。”

励的情形[①]有较为详细的规定。海关总署于1989年颁布的《海关对检举或协助查获违反海关法案件有功人员的奖励办法》，该奖励办法是根据《海关法》的规定制定的，旨在鼓励对走私案件或违反海关监管规定的案件的告发。除此之外，地方立法机构或政府颁布的告发奖励法规较多，如《广东省奖励举报书报刊电子出版物领域“制黄”“贩黄”和非法出版活动有功人员暂行办法》、[②]《齐齐哈尔市人民政府奖励举报乱收费乱罚款和各种摊派有功者办法》、[③]《徐州市基本医疗保险违规行为处理和举报奖励办法》、[④]《淄博市危险化学品运输违法行为举报奖励办法》，[⑤]以及《昆明市安全生产举报奖励

---

① 该办法第3条规定：“对单位和个人实名向税务机关检举税收违法行为并经查实的，税务机关根据其贡献大小依照本办法给予奖励。但有下列情形之一的，不予奖励：(一)匿名检举税收违法行为，或者检举人无法证实其真实身份的；(二)检举人不能提供税收违法行为线索，或者采取盗窃、欺诈或者法律、行政法规禁止的其他手段获取税收违法行为证据的；(三)检举内容含糊不清、缺乏事实根据的；(四)检举人提供的线索与税务机关查处的税收违法行为无关的；(五)检举的税收违法行为税务机关已经发现或者正在查处的；(六)有税收违法行为的单位和个人在被检举前已经向税务机关报告其税收违法行为的；(七)国家机关工作人员利用工作便利获取信息用以检举税收违法行为的；(八)检举人从国家机关或者国家机关工作人员处获取税收违法行为信息检举的；(九)国家税务总局规定不予奖励的其他情形。”

② 由广东省人大常委会于1999年6月颁布，旨在鼓励对“制黄”“贩黄”和非法出版活动的告发。

③ 由齐齐哈尔市人民政府于2003年8月14日颁布，旨在“动员和鼓励社会各界举报‘三乱’问题，强化社会监督机制，促进各级政府及其职能部门廉洁自律”。

④ 由徐州市人民政府于2010年6月颁布，旨在鼓励对“违反基本医疗保险制度规定行为”的告发。

⑤ 由淄博市人民政府于2012年7月颁布，旨在鼓励对“危险化学品运输违法行为”的告发。

办法》[1]等。

除上述对告发奖励的单独立法之外,我国仍有为数不少的关于告发奖励的“附属立法”,这些条款附加于法律法规中,对告发奖励进行原则性或宣示性的规定。以法律层级的“附属立法”为例:《海关法》第13条规定:“海关建立对违反本法规定逃避海关监管行为的举报制度。任何单位和个人均有权对违反本法规定逃避海关监管的行为进行举报。海关对举报或者协助查获违反本法案件的有功单位和个人,应当给予精神的或者物质的奖励。海关应当为举报人保密。”《劳动合同法》第79条规定:“任何组织或者个人对违反本法的行为都有权举报,县级以上人民政府劳动行政部门应当及时核实、处理,并对举报有功人员给予奖励。”《道路交通安全法》第71条规定:“车辆发生交通事故后逃逸的,事故现场目击人员和其他知情人员应当向公安机关交通管理部门或者交通警察举报。举报属实的,公安机关交通管理部门应当给予奖励。”《禁毒法》第9条规定:“国家鼓励公民举报毒品违法犯罪行为。各级人民政府和有关部门应当对举报人予以保护,对举报有功人员以及在禁毒工作中有突出贡献的单位和个人,给予表彰和奖励。”等等。

二、公部门组织的公益告发激励问题

何谓一个成功的告发,不同的人对此可能会有不同的定义。有

① 由昆明市人民政府于2013年10月颁布,旨在“鼓励举报安全生产事故隐患和非法违法行为,及时发现并消除事故隐患,制止和惩处非法违法行为”。

的学者认为，一个告发是否成功指的是告发人提起的诉讼案件的输赢。[①] 也有的学者认为，成功的告发是指在一个合理的时间范围内，因为告发者的告发，有问题的或错误的行为（或不做法）被终结了，至少是部分停止了。[②] 本书也倾向于认为衡量一个告发行动是否成功应该在于告发者是否完成了他预期想要完成的事情，即组织的错误行为是否得到了阻止或纠正。首先，从告发成功的角度来看，公部门组织的告发者取得成功的概率应该比私部门组织的告发者要低。组织的特征也是影响雇员是否敢于告发或告发能否成功的重要原因，公部门组织因为组织自身的特点，使其雇员的告发会比私部门组织的雇员工难。我国的公部门组织主要是政府部门和事业单位，这些组织有一个共同的特点：组织成员对组织的依赖程度很高，成员的流动性极低。从我国目前的情况来看，社会资源向公权力机构和事业单位集中，这些组织的职位对于求职者的诱惑特别大，大学毕业生也以考取公务员作为求职的第一选择。在这样的背景之下，求职者一旦成功进入了政府部门或者事业单位，因为对服务的组织的高度依赖，他们基本上也不敢以身犯险。[③] 其次，公部门组织的强势地位也为告发增加了难度。当组织在它的环境中拥有较少的权力时，告发的有效性将会增加，特别是在告发者使用外部

---

① Terspstra D. E. & Baker D. D. , *Outcomes of sexual harassment charges*, Academy of Management Journal, 1988, 31: 185 – 194.

② Janet P. Near & Marcia P. Miceli, *Effective Whistle-Blowing*, The Academy of Management Review, 1995, 20(3): 679 – 708.

③ 如果组织严重依赖于告发者，这个告发者就会很有能量（很强大），因此，就更有可能有效地阻止组织的错误做法。

渠道进行告发时。[①] 我国的政府部门和事业单位控制的社会资源很多,在社会中具有很大的能量,特别是政府部门,在有些地方,法检部门在政府部门面前都显得弱势,这样的环境对公部门组织的告发者来说是十分不利的。因为公部门组织成员告发的艰难,因此对其告发的激励一定要充分,否则公部门组织的告发制度就会形同虚设。

与此相对应的是,公益告发激励制度的缺乏。对公部门组织的成员来说,虽然专门的《公务员奖励规定(试行)》对公务员的奖励进行了详细规定,但该法的出发点只在于"激励公务员忠于职守,勤政廉政,提高工作效能,充分调动公务员工作的积极性,规范公务员奖励工作",并无鼓励组织内的告发行为的意思,若论勉强可以适用的条款,则只有该规定第5条,[②]该条所列举可以给予公务员或公务员集体奖励的情形的第6项"防止或者消除事故有功,使国家和人民群众利益免受或者减少损失的"和第8项"同违法违纪行为作斗争有功绩的"。此外,《行政监察法》第29条规定:"监察机关对控告、检举重大违法违纪行为的有功人员,可以依照有关规定给予奖励。"虽然《行政监察法》的层级高,但该条款实际上也只有宣示意

---

① Janet P. Near & Marcia P. Miceli, *Effective Whistle-Blowing*, The Academy of Management Review, 1995, 20(3): 679 – 708.

② 《公务员奖励规定(试行)》第5条规定:"公务员、公务员集体有下列情形之一的,给予奖励:(一)忠于职守,积极工作,成绩显著的;(二)遵守纪律,廉洁奉公,作风正派,办事公道,模范作用突出的;(三)在工作中有发明创造或者提出合理化建议,取得显著经济效益或者社会效益的;(四)为增进民族团结、维护社会稳定做出突出贡献的;(五)爱护公共财产,节约国家资财有突出成绩的;(六)防止或者消除事故有功,使国家和人民群众利益免受或者减少损失的;(七)在抢险、救灾等特定环境中奋不顾身,做出贡献的;(八)同违法违纪行为作斗争有功绩的;(九)在对外交往中为国家争得荣誉和利益的;(十)有其他突出功绩的。"

义，并无实际操作的价值。因为我国的公益告发立法是“广义”的立法，我们并不排除公部门组织的成员也可以根据其他告发奖励的规定获得奖励（事实上，从公部门组织成员工作所接触的事务来看，这种机会基本上不存在），也就是说，我国现有的公益告发奖励制度实际上不太可能对公部门组织雇员有任何激励作用。

如前所述，公部门组织雇员所告发的是组织的违法行为，由于公部门组织的非营利性，因此对于公部门组织违法的处罚，一向都很低，除了国有企业以外，公部门组织的雇员没有机会像私部门组织的雇员那样因为一次告发而获得巨额的奖励。对公部门组织成员的激励制度需要与私部门组织告发激励采取不同的思路，金钱的奖励不应放在第一位。更何况，像金钱奖励这种显性激励还要受财政预算的约束，公共部门提供的奖励金额是固定有限的。“在公共部门中，非货币性激励比经济性激励起更重要的作用。因为非货币性激励除了上述声誉机制以外，还有因行使权力而带来的声望和社会地位等各种控制权收益（benefits of control）的激励。控制权收益激励，可以满足公职人员自我实现、权力、在职消费以及报酬以外的各种物质利益等需要。”①“在公共部门组织激励实践中，单一运用显性激励或其他激励机制都无法给公职人员提供充分的激励，因此必须综合运用不同的激励机制。”②由此可见，在公部门组织公益告发激励方面，不但要加大货币激励的力度，更重要的是，要综合使用隐性激励手段，比如，晋升或授予荣誉称号等。国有企业的情况又有所不同，本书认为，如果是营利性的国企，应该

① 黄再胜：《公共部门激励理论探析》，载《外国经济与管理》2005年第1期。

② 黄再胜：《公共部门激励理论探析》，载《外国经济与管理》2005年第1期。

参照私部门组织的公益告发激励制度来执行。

三、私部门组织的公益告发激励问题

私部门组织是市场竞争中的最主要的主体，它们为了在市场中生存下来，并获取更多的利润，在经营的过程中往往会伴随一些违法行为，比如，污染环境、偷税漏税、不正当竞争、产品质量不合格等。有些企业对这种违法行为的依赖性还特别强，在这样的情况下，告发者所面临的风险会加大，告发成功的可能性也会降低，由此，对他们的激励措施应加大力度，以抵销这些因素对告发者所造成的负面影响。我国现有告发激励制度中，对告发者的奖励甚少。以《检举纳税人税收违法行为奖励暂行办法》为例，该办法算是对告发人奖励制度中最为“慷慨”的了，但最高也不过 10 万元。前述案件中，Cheryl Eckard 对葛兰素史克公司的告发，获得了 9600 万美元的奖励；Glen Kaiser 和 Karen Kaiser 对微软公司的告发也获得了 100 万美元的奖励，与国外的高额告发人奖金比起来，我国的这些奖励简直不值一提。我们再以《检举纳税人税收违法行为奖励暂行办法》为例，依该办法第 6 条规定的标准，①告发者最高可以达到 10 万元，但是那是在被告发人偷税漏税极为严重的情况下才会发生，要

① 该办法第 6 条规定：“检举的税收违法行为经税务机关立案查实处理并依法将税款收缴入库后，根据本案检举时效、检举材料中提供的线索和证据翔实程度、检举内容与查实内容相符程度以及收缴入库的税款数额，按照以下标准对本案检举人计发奖金：(一)收缴入库税款数额在 1 亿元以上的，给予 10 万元以下的奖金；(二)收缴入库税款数额在 5000 万元以上不足 1 亿元的，给予 6 万元以下的奖金；(三)收缴入库税款数额在 1000 万元以上不足 5000 万元的，给予 4 万元以下的奖金；(四)收缴入库税款数额在 500 万元以上不足 1000 万元的，给予 2 万元以下的奖金；(五)收缴入库税款数额在 100 万元以上不足 500 万元的，给予 1 万元以下的奖金；(六)收缴入库税款数额在 100 万元以下的，给予 5000 元以下的奖金。”

达到1个亿，这种案件发生的概率实在是太低了。大部分情况下，可能都是较少数额的偷税漏税，比如，100万元以下，按照这个办法，告发者只能获得5000元以下的奖金，这实在是微不足道的，这样的制度对告发者来说基本上也不会有什么激励作用。证监会出台的《关于有奖举报证券期货诈骗和非法证券期货交易行为的通告》第4条规定："凡提供证券期货诈骗和非法证券期货交易等线索，经所在地方政府及有关部门查证属实的，由受理举报的证券监管部门向举报人一次性发放奖金人民币不高于3000元；举报的证券期货诈骗和非法证券期货交易行为涉及金额较大、人员较广或影响较大的，一次性发放奖金人民币不高于20,000元；举报重大线索或有特殊贡献的，可给予重奖。"这与美国《多德－弗兰克法案》对告发证券违法的人动辄上百万美元奖励相比，确实有点寒碜。可见，如果告发者真的告发了，告发者的目的可能也不是拿到奖金，更有可能是报复雇主罢了。鉴于这个原因，本书建议我国大幅提高告发者奖金的数额，可以借鉴国外的做法，规定一个比例，只要政府从被告发者身上拿回款项，就将这个款项的一部分奖励给告发者，比如，10%。如果告发者告发雇主的偷税行为，国税局因为他的告发收缴了100万元，那就奖给告发者10万元，这样对告发者来说有激励作用，对雇主也是一个重大的威慑，对法律的执行也是大有好处的。

另外一个问题就是私部门组织的员工相对于公部门组织的员工来说，自身素质方面可能会较低，法律知识缺乏；此外，私部门组织也不像公部门组织那样，会建立健全内部告发制度，综合这两个方面的问题来看，建立对告发者提供帮助的制度是必要的。比如，英国的PCAW机构，就是成立时间超过20年的告发者帮助机构，它们不但有“帮助专线”为告发者提供咨询服务，也积极协助告发者处理案件，这对告发者能起到很大的激励作用。此外，国外仍有告发者监察制度可供借鉴。“我们当然也不认为监管系统是一个万能灵药，从作者的经验来看，一个监管系统为作风险沟通的备用渠道应该是改善告发者处境的次优选择，对于他们为之工作的组织来看，也是如此。显然，现在并没有对于作为风险沟通的新方法的监管人的统一标准。我们可能提供一些通用的条件（general conditions）来帮助风险沟通”。[①] 告发监管人分为内部和外部两种类型，他们的作用在于帮助告发者，也是一个重要的告发渠道。这种制度在许多国家都存在。在德国的16个州中，至少4个州有反腐败的监管人（有时候也被称为“特派员”）。在这些州里，监管人基本上都可以为公务员提供服务，有时候市民也是可及的。这些监管人一般都是退休法官、前警方特派员或者律师。至少两个城市的政府部门以及大量的公用事业公司为他们的雇员提供类似服务；他们的监察人都是律师。[②] 澳大利亚各州的公部门告发制度中也大量存在告发监察人，新西兰的《披露保护法》中即规定有行政监察官（ombudsman），可为告发者提供的信息与指引，有权取得组织内部受理告发程序之相关信息，也有审查、调查、接管案件的权力。我国也有必要建立告发监察制度，这对于私部门组织的雇员来说，可能尤为需要。

---

① Björn Rohde-Liebenau, *The Value of an Ombuds System in Whistleblowing Situations*, in David Lewis & Wim Vandekerckhove eds., Whistleblowing and Democratic Values, International Whistleblowing Research Network, 2011: 70 – 85.

② Björn Rohde-Liebenau, *The Value of an Ombuds System in Whistleblowing Situations*, in David Lewis & Wim Vandekerckhove eds., Whistleblowing and Democratic Values, International Whistleblowing Research Network, 2011: 70 – 85.

第四节　中国告发人诉讼制度的设计

一、告发人诉讼是否为公益诉讼制度

公益诉讼是一种有着很长历史的诉讼类型,它源自古罗马的法律制度,是相对私益诉讼而言的。在古罗马法中,私益诉讼是为保护个人所有权而设定的诉讼,仅特定人才可提起,它是以私人资格发生的诉讼,以保护私人利益为目的;公益诉讼乃是保护社会公共利益的诉讼,除法律有特别规定者外,凡罗马市民均可提起。[①] 到了现代社会,虽然私益诉讼仍占主导,但是随着社会的发展,私益诉讼慢慢显得捉襟见肘,无法应付日渐多元的诉讼利益。比如,商品质量而导致的大量消费者受害、药品问题危及民众健康和生命、环境违法造成对环境的破坏等,这些纠纷的一个共同特点就是违法行为具有单一性,争点具有共通性,但是涉案人员众多,单个人受损又非常少。解决此类纠纷就需要公益诉讼的帮助,这种诉讼并非只有一个原告存在利益关系,而是以多数人的共同利害关系为背景,没有这个前提,"公共诉讼"也就无从谈起。[②] 无论公益诉讼以什么名字出现,叫"公益诉讼"也罢,叫"公共诉讼"也罢,或者叫"新型诉讼""民众诉讼",它们在诉讼的目的上均强调对社会公共利益的维护,并以追求公共利益的全面化和最大化作为诉讼的宗旨,这是现代公

---

① 参见周枏:《罗马法原论》,商务印书馆 2001 年版,第 958 页。

② 参见[日]谷口安平:《程序的正义与诉讼》,中国政法大学出版社 1996 年版,第 138 页。

益诉讼不同于普通民事诉讼和一般行政诉讼的本质特征。

美国的告发人诉讼起源于1863年制定的《虚假请求法》，该法规定：如果告发者获得政府供应商欺诈政府的信息，可以代表政府对其提起诉讼，并可以分得供应商应向政府支付的赔偿款的一部分。《虚假请求法》最初只应用于军备供应领域，但是经过100余年的发展，今天它的应用范围已经相当广泛了，军备供应、医疗保健、政府采购、环境保护等领域都可以找到大量的告发人诉讼案例。告发人诉讼"在美国公法中创立了一个有效的放权式的监督机制"，[①]建立了一种双重执行制度，国家机关和私人都被允许代理国家起诉违法行为，促进公共法律的强制执行。[②] 告发者在诉讼中虽然为其自身的利益，但是其诉讼的主要目的在于维护公共利益，立法者设计告发人诉讼的目的也是如此。告发者也不是被告违法行为的直接受害人，按照民事诉讼法的理论，非"直接利害关系人"是不具有原告资格的，可见它不同于传统的民事诉讼，而是一种典型的公益诉讼。

"我们国家法律规定得如此的好，对国家机关的违法行为，公民可以检举，国家还可以给予奖励。检举以后，是由谁来查处呢？是由上级机关查处。如果上级机关不查处的话，公民还可以向再上级机关检举。这在理想上是非常好的，它的前提是这些国家机关是真正依法办事的，真正没有私人利益，没有个人的利害关系，忠于法

---

① William E. Kovacic, *Whistleblower Bounty Lawsuits as Monitoring Devices in Government Contracting*, Loyola of Los Angeles Law Review, 1996, 29: 1799 – 1858.

② Evan Caminker, *The Constitutionality of Qui Tam Actions*, The Yale Law Journal, 1989, 99(2): 341 – 388.

律,忠于正义。”[①]但是,公权力机构并非超脱于一切利害关系之外的,它们也有它们自身的利益,特别是在涉及它们组织本身的问题时,公民的告发能起到的监督作用就微乎其微了。我们很有必要在公益告发制度的基础上,借鉴国外告发人诉讼的制度经验,并结合我国在公益诉讼上的理论和立法实践,建立我国的告发人诉讼制度。如果告发者通过组织内部告发并未达到阻止组织不法情事时,应允许他向组织外部告发,或者提起告发人诉讼,将组织的不法情事诉之法院。“关键一点,就是向前跨半步,承认这些原告有诉的利益。对于行政机关的不当行为和不行为,容许一般的民众、自然人和法人提起诉讼。从立法上迈出一步,我们的门就一下子打开了。”[②]对于告发人诉讼来说,恐怕也是如此。

二、告发者的原告资格问题

在告发人诉讼中,私人可以以自己的身份代表国家来起诉欺诈政府者,但是这种告发者的原告主体资格也并非不证自明的。在我国的法律体系下,当然更是没有先例,即使是《民事诉讼法》于 2012 年 8 月修订之后,增加了公益诉讼条款,[③]对于谁可以提起公益诉讼的问题,仍然悬而未决。近年来,我国学界对于公益诉讼的研究较多,目前的共识是公益诉讼有两种:一种是民事公益诉讼,被告是造

① 梁慧星等:《关于公益诉讼》,载吴汉东:《私法研究》,中国政法大学出版社 2002 年版,第 364 ~ 367 页。

② 梁慧星等:《关于公益诉讼》,载吴汉东:《私法研究》,中国政法大学出版社 2002 年版,第 364 ~ 367 页。

③ 《民事诉讼法》第 55 条规定,对污染环境、侵害众多消费者合法权益等损害社会公共利益的行为,法律规定的机关和有关组织可以向人民法院提起诉讼。

成公益损害的私人主体;①另一种是行政公益诉讼,被告是公权力主体。② 这恰恰与本书对组织的区分相契合。前已述及,告发人诉讼就是一种公益诉讼制度,根据公益诉讼的理论及其分类,告发人诉讼也可以根据告发人所在的是公部门组织还是私部门组织划分告发人行政诉讼和告发人民事诉讼两种:如果告发人是公部门组织成员,对公部门组织提起诉讼,当为告发人行政诉讼;如果告发人是私部门组织成员,对私部门组织提起诉讼,当为告发人民事诉讼。民事或行政公益诉讼制度的"瓶颈"都在于原告资格的问题上,因为我国《民事诉讼法》第119条对于原告的要求是"直接利害关系人"③,《行政诉讼法》第2条对原告的要求是合法利益被侵犯者。④ 组织不法情事所侵害的对象显然不是告发人自身的利益,根据我国现有法律的规定,告发者是不具有原告资格的。正如公益诉讼制度一样,若建立我国告发人诉讼制度,也必须在原告资格理论上有所突破。2012年修订的《民事诉讼法》第55条确立了民事公益诉讼制度,

---

① "我们认为,民事公益诉讼就是指特定的国家机关、社会团体和相关公民根据法律规定,针对侵犯社会公共利益的民事违法行为,向法院提起民事诉讼,由法院通过司法程序追究违法行为并籍此保护和捍卫公共利益的一种法律制度。"张艳蕊:《民事公益诉讼制度研究——兼论民事诉讼机能的扩大》,中国政法大学2005年博士学位论文。

② "行政公益诉讼指公民、法人或其他组织认为行政机关的违法行政行为侵害了社会公共利益,在法律法规赋予诉权的情况下,以自己的名义提起行政诉讼的一种诉讼类型,相当于美国的纳税人诉讼、日本的民众诉讼"。龚雄艳:《我国应该建立行政公益诉讼制度》,载《法学杂志》2001年第6期。

③ 《民事诉讼法》第119条规定:"起诉必须符合下列条件:(一)原告是与本案有直接利害关系的公民、法人和其他组织;(二)有明确的被告;(三)有具体的诉讼请求和事实、理由;(四)属于人民法院受理民事诉讼的范围和受诉人民法院管辖。"

④ 《行政诉讼法》第2条第1款规定:"公民、法人或者其他组织认为行政机关和行政机关工作人员的具体行政行为侵犯其合法权益,有权依照本法向人民法院提起诉讼。"

2014年修订的《环境保护法》第58条进一步规定了环境公益诉讼制度，它们都在民事诉讼的原告资格上对原有规定进行了突破，这对我国告发人诉讼的建立来说也是非常有帮助的。

对公民个人的公益诉讼原告资格的研究非常多，本书不再赘述。告发者具有双重身份：一个身份是组织的成员，另一个身份是社会的成员。作为社会成员的告发者当然是也是普通的公民个人，公民个人原告资格理论在告发者身上完全适用。此外，比起普通公民，告发者还具有两个优势：第一，组织的违法行为不但会给社会带来损害，往往也不可避免地会给组织本身、组织成员或私部门组织的股东带来损害，而告发者与普通公民不同的是，告发者本身就是组织的成员，若组织利害受损，告发者的利害同样会受到损害。比起普通公民来，他的原告资格的理论解释会更趋合理。第二，告发者在诉讼上有着普通公民所无法具备的优势。因为告发者的独特地位，他们可以掌握组织违法的原始资料，这对于赢得诉讼来说至关重要。可见，赋予告发者以公益诉讼的原告资格是完全可行的。[①]

三、谁来代表政府起诉

在美国告发人诉讼中，美国司法部扮演着一个重要的角色。在告发者提起诉讼之后的60天内案件是不公开的，司法部可以调查告

① 遗憾的是，《民事诉讼法》在这个问题上的做法仍显得保守，2012年修订之后，根据第55条的规定，可以提供公益诉讼的原告只有“法律规定的机构和有关组织”，个人原告仍然排除在外。

发者的诉求及事实与理由，审查告发者持有的证据材料。[①] 在调查结束之后，司法部可以选择介入告发人诉讼，[②]即由司法部代表国家主导诉讼，告发者在诉讼中的角色会受到诸多的限制，充其量也只是一个配角。司法部在调查之后也可以将案件撤销，[③]而且可以在正式调查之前解决案件。[④] 只有在司法拒绝介入案件且不撤销或在调查前解决案件的情况下，告发者才可以单独将诉讼进行下去。从这些规定可以看出，美国司法部代表美国政府在告发人诉讼中的主导地位。除此之外，《虚假请求法》还规定了一个“政府优先”的原则，如果政府已经在民事诉讼或行政诉讼中对被告发者提起诉讼，一个人不能再根据奎太规则并依照相同的诉求或事实提起诉讼，[⑤]亦即如果司法部已经代表政府起诉，告发者不能以相同事由再次起诉被告。这些规定处处显示了美国告发人诉讼制度对告发者的约束，防止告发者为了自己的利益而损害国家的利益。[⑥] 对告发者的这种约束是必要的，这可能也是我国《民事诉讼法》修订之后，仍拒绝将公民个人列为公益诉讼原告的原因之一。基于对告发者约束的必要性，如果我国构建告发人诉讼制度，政府的介入仍显得必不可少，那么，哪个机构可以代表政府介入呢？

---

① 31 U.S.C. § 3730(b)(2).

② 31 U.S.C. §3730(b)(4)(a).

③ 31 U.S.C. § 3730(b)(1). 在法院告知和听证程序过后，这个案件将被撤销。31 U.S.C. §3730(c)(2)(A).

④ 31 U.S.C. § 3730(c)(2)(B). 只有法院经过听证程序后决定，认为政府的措施在当前的情形下是公平、足够和合理的情况下，政府才可以这样做。

⑤ 31 U.S.C §3730(e)(3)(1994).

⑥ 比如，“政府优先”的原则即是为了防止告发者在政府起诉之后，再次提起“寄生诉讼”，获取不正当的利益。

从我国司法体制的构造来看,检察机关应是不二之选,理由有以下几点:第一,检察机关是国家利益的当然代表者。我国法律规定,检察机关是法律监督机构,负责对法律的实施进行监督,而公益告发的实质也就是告发者以自身的行动促进公共法律的实施,这与检察机关的职责是相符合的。自检察制度诞生以来,检察机关就被定义成国家利益和公共利益的代表,①由检察机关代表政府起诉组织的公益违法行为,这也是检察机关职责的题中应有之义。当国家利益或公共利益因为组织的违法行为而遭受损害时,检察机关有义务代表国家提起诉讼。第二,检察机关具有自身的一些优势:首先,检察机关具有较强的独立性,如果代表国家介入告发人诉讼,一般不会牵涉检察机关自身的利益,这能够使案件得到更为公正的处理;其次,检察机关本身就拥有对国家公务员职务廉洁性进行监督的责任,对其违法行为可以提起公诉,对公部门组织的违法行为的起诉不过是扩展了其监督职责的范围而已;最后,检察机关在调查取证等方面拥有的职权可以使其更具对抗力,即使是在公部门组织作为被告的案件中,也不会显示出弱势,这对于取得诉讼的胜利也很重要。② 第三,更重要的是,近20年来,我国检察机关有过不少作为公益诉讼案件原告的尝试。民事公益诉讼的最早尝试可以回溯到1997年河南方城县人民检察院为阻止国有资产流失而提起的请求确认国有资产买卖合同无效案。从1997年至今,全国多省市的检

---

① 参见马明生:《检察机关提起行政公益诉讼制度研究》,载《中国政法大学学报》2010年第6期。

② 参见马明生:《行政公益诉讼制度研究》,中国政法大学2008年硕士学位论文,第91页。

察机关展开了民事公益诉讼的实践与探讨。[①] 如湖南省望城县人民检察院诉坪塘水泥厂环境污染责任纠纷案、[②]深圳市宝安区人民检察院诉深燃石油气有限公司环境污染责任纠纷案[③]等。仅以河南一省为例,1997～2007年的10年间,河南省各级检察机关民行检察部门共办理公益诉讼案件1572件,其中发出检察建议1019件,支持起诉296件,直接起诉242件,为国家挽回经济损失2.66亿元,取得了较好的法律效果和社会效果。[④] 可见,立法未突破,实践已先行了。

四、告发人诉讼的案件范围

告发人诉讼的案件范围视组织违法行为的类型而定,公部门组织和私部门组织虽然在性质上差别很大,组织违法行为的类型差别当然也较大;但是在一些问题上,公、私部门组织的违法行为类型却有交集,比如,危及环境、民众健康和社会安全的违法行为,在公、私部门组织内都有可能发生。因此本书在此部分不对组织的违法行为类型作公、私部门的区分,结合公益诉讼的研究成果来看,告发人诉讼的案件范围主要包括以下种类。

第一,环境保护案件。环境公益诉讼算是公益诉讼研究领域最热门的部分,而且也是最成功的部分。除了前面所述检察机关在环

---

① 参见杨立新:《民事行政公诉制度研究》,载江伟:《比较民事诉讼法国际研讨会论文集》,中国政法大学出版社2004年版,第349页。

② 千灵坡:《长沙首起以检察机关为原告的公益诉讼案结案》,http://news.qq.com/a/20081013/002465.htm。

③ 参见吴伟东、崔玉男:《深圳市检察机关首次以原告身份提起公益诉讼》,http://news.jcrb.com/jxsw/201201/t20120105_785714.html。

④ 参见《河南省检察机关探索开展公益诉讼的思考》,载《2007中原民事行政检察论坛论文集》。

境民事公益诉讼方面的大量尝试之外，在立法方面也已经取得了突破。2012 年修订的《民事诉讼法》第 55 条规定的公益诉讼的类型中就包括对“污染环境”行为提起的环境公益诉讼。新修订的《环境保护法》（于 2015 年 1 月 1 日生效）进一步明确了环境公益诉讼制度，①对环境公益诉讼的原告以及诉讼的“公益性”进一步作了细化规定。美国联邦层面包含告发者保护条款的法律中，绝大部分都是环境类法律，告发人诉讼案件也有大量的环保类型的案件，可见环境保护对于告发者的倚重。组织者行为所导致的环境污染问题日趋严峻，对私部门组织来说，告发者要面对的问题在于组织环境违法行为对环境所造成的损害；对公部门组织来说，告发者要面对的问题则在于行政主体滥发许可证、环境评估欺骗民众、过度开发破坏环境方面。因此，无论是民事公益诉讼还是行政公益诉讼，都存在告发人诉讼的空间。

第二，政府采购案件。政府采购也称为公开采购，各国有关的法律、法规对它的定义、范围等规定得并不一致。在我国财政部颁发的《政府采购管理暂行办法》（财政部财预字〔1999〕139 号）中对政府采购的定义为：本办法所称政府采购是指采购机关以购买、租赁、委托或雇用等方式获取货物、工程和服务的行为。政府采购制度最需要防范的就是政府公务人员与供应商联合起来欺诈政府，从中赚取不正当的利益。对公部门组织的告发者来说，目的在于监督

---

① 该法新增第 58 条，该条规定：“对污染环境、破坏生态，损害社会公共利益的行为，符合下列条件的社会组织可以向人民法院提起诉讼：（一）依法在设区的市级以上人民政府民政部门登记；（二）专门从事环境保护公益活动连续五年以上且无违法记录。符合前款规定的社会组织向人民法院提起诉讼，人民法院应当依法受理。提起诉讼的社会组织不得通过诉讼牟取经济利益。”

公务人员;对私部门组织的告发者来说,重点在于组织的欺诈行为。因此,公、私部门组织的告发者都有可能成为因政府采购引发的告发人诉讼案件的原告。

第三,反垄断案件。垄断会限制市场竞争,给消费者利益带来损害,也是典型的公益诉讼案件。对私部门组织的告发者来说,目标在于阻止组织的垄断行为;对公部门的组织来说,重点则在行政权力所导致的行政垄断上。我国的《反垄断法》已施行数年,但是效果似乎并不明显。我国垄断问题最明显的特征就是行政垄断的泛滥,这是行政权滥用的典型形态,无论是部门垄断,还是地区封锁,都可以看到行政权力的影子,这些行为不仅侵害了合法经营者的权益,也损害了消费者和国家的利益。无论是公部门组织的成员,还是私部门组织的成员,都可能面对组织行为带来垄断的问题,应该赋予他们对垄断行为或相关的行政行为提起诉讼的权利。

第四,消费者权益保护案件。多数消费者的权益损害案件也是《民事诉讼法》规定的两类公益诉讼案件之一,这类案件的问题在于受损者众多,但是单个消费者的损失又太少,传统诉讼无法解决,只能借助公益诉讼这种新的诉讼类型。大量的消费者的利益之所以会受损,原因可能来自两个方面:一是私部门组织(也可能包括公部门组织的国有企业)为了追求利润,忽视产品质量,从而给消费者带来损害;二是公部门组织的行政不作为,对消费者利益漠不关心,不履行相关的行政职责。当组织成员发现组织的此类违法行为时,应勇于告发,在告发无效的情况下,可以提起告发人诉讼,使组织行为接受法院的审查。

第五,国有资产流失案件。国有资产是人民的财产,是进行现代化建设的重要物质基础，但在从计划经济向市场经济的转轨过程中遭到了极大的侵蚀，特别是在国有企业公司化改造、资产重组过程中当事人合谋规避法律，私分、侵吞国有资产，造成的国有资产流失严重。[①] 在对国有资产流失的监督中，国有企业的员工具有其他主体所不具有的优势地位，当导致国资流失的行为在组织内出现时，国企员工肯定能够最先发现，如果建立告发人诉讼制度，此类案件应该是其主要类型之一。

① 张艳蕊:《民事公益诉讼制度研究——兼论民事诉讼机能的扩大》，中国政法大学2005年博士学位论文，第108页。

结 语

我们的生活高度依赖于组织所提供的服务：公部门组织管理社会公共事务，为我们提供公共服务；私部门组织则立足于市场，向社会提供私人产品。可以说，组织行为会直接影响我们的生活。而且，随着人类社会的不断发展，组织在我们生活中所起的作用也将越来越重要。对社会公众来说，组织勇于承担起自己的责任并为自己的行为负责，显得非常重要。然而，现实生活中充斥着组织违法的例子：工厂强迫童工劳作、企业偷排污水、养老院虐待病人、公务员贪腐窝案接连发生等。这些事实都在提醒我们到了重新审视我国的公益告发立法制度的时候了。我们应重新审视我国公益告发立法模式以及告发理念、告发渠道、告发激励、告发保护制度，要努力在组织雇员的言论自由与组织的社会评价之间谋求平衡，要在雇主事务的保密性与告发违法行为之间谋求平衡，要在组织利益和社会公共利益之间谋求平衡。我们仍要注重对告发者的激励和保护，要赋予他们诉权,更为重要的是,我们还应努力保护我们的隐私,不因告发立法的失控而使社会成为一个充满“私人警察”的危险的社会。由此看来,我们应借鉴国外先进的立法经验,对我国现有的公益告发立法进行大幅度的“改造”,以下几点,可能是我们最应该重视的地方。

第一,告发理念的重构:应聚焦于组织环境下的告发者。盖因组织在人们生活中的重要作用,国外的公益告发制度皆聚焦于组织环境下的告发者,因为告发者有获取组织违法信息的便利条件,通过法律制度的设计,激励告发者将组织违法信息向组织管理者、政府相关部门以及媒体和互联网进行披露,或将其诉至法院,迫使组织自愿纠正违法行为或在监管部门的行动下纠正违法行为。而我国的公益告发制度对于何谓“告发者”(举报人、检举人或揭发人)根本就没有定义,人人都可能成为告发者。这种立法模式的问题是显而易见的:首先,因为告发者的多样性,在告发渠道的设计、告发者的激励约束和告发者的保护上是无法采取同一模式的,任何人可以针对任何错误行为进行告发显然不是一个有效的公益告发立法,这样不但会给告发激励和保护制度的设计带来困难,可能也会导致大量无价值的告发。其次,我国的立法对告发的主要人群——组织内的成员——采取了忽视的态度,而他们恰恰是公益告发制度中最有价值的人群。对于组织的违法行为来说,公益告发只需要将焦点对准组织内部成员即可,如果告发渠道通畅,组织外成员的告发只是极低概率事件,公益告发立法完全没有必要在低概率事件上大费周章。人人皆可告发,实际上只是立法者的幻象,是不切实际的。此外,从我国广义的公益告发制度来看,由于对告发者可以告发的对象没有限定,告发还可以扩大到对个人违法行为的告发,这其实是十分危险的。如果我们将可以告发的场景从工作场所扩大到生活领域——我们被鼓励对我们的邻居和亲人进行告发——我国的公益告发立法就有这个倾向，这其实是在帮助政府培养无所不在和侵入式的私人警察，最终的噩梦将是福柯所谓的“监狱式社会”，充满了监视、审查、闭路电视监控和电话监听，①因此，它对于隐私的危险是明显而严重的。这样的社会中，我们无法判断一个人究竟是朋友、邻居、同事，还是政府线人，社会的凝聚力和信任都受到了严重的损害。即使只有这一个理由，我们也有必要对我国现有的公益告发制度的作用范围进行限缩，将其聚焦于对组织行为的告发。

第二，告发立法的重构：举报、检举、揭发制度应统归公益告发。如前所述，我国存在三个内涵完全一致的制度：一是举报制度；二是检举制度；三是揭发制度，三者皆指行为人将其所获取的违法信息向相关部门进行信息披露，以便这些部门对违法行为人采取行动的法律制度。这三个制度各自都有着数量庞大的法条，但是叠床架屋，几乎都乏善可陈。我们很有必要借鉴国外在公益告发方面的立法经验，对我国的公益告发制度进行重构，使其三制归一，方可正本清源，使公益告发制度在我国发挥实效。

鉴于我国公、私部门的二元结构十分明显，制度分野巨大，对公私部门劳动者的保护制度也存在很大差别，我国可能无法在短时间内对之进行整合，②因此建议我国对公益告发立法采取分别立法的模式，提高立法的层级，以此统领该领域的法律制度，如举报、检举

---

① M. Foucault, *Discipline and Punish*, Harmondsworth: Penguin, 1975.

② 当然，我国政府显然正在朝着这个方向努力，比如，正在推行的对公私部门的养老金并轨制度。

和揭发制度等,并以此指导它们的修订或废止,循序渐进,对公益告发立法进行清理,最终结束我国目前公益告发立法的混乱局面。

第三,告发渠道的重构:应建立层次化的告发渠道。公益告发制度涉及多个方面,最为核心的制度有告发者保护制度、告发者激励制度、告发者约束制度和告发人诉讼制度,在这些制度当中,各个国家的立法都有侧重点,但是大多数国家的立法都倾向于将告发者保护放在第一位,这其实是走入了一个误区。相较于告发者保护而言,一个设计良好的告发渠道似乎更为重要。借鉴国外成功的告发立法的经验,为平衡告发所涉及的各方主体的利益,以及便于设计对告发者的保护制度,我国公益告发的层次化渠道应该包括三层:第一层是在组织内部告发;第二层是向政府职能部门告发;第三层是向社会组织告发,主要包括公益组织、媒体机构和因特网等。告发者应优先选择第一层渠道,这一层面的告发,告发者披露的信息仍在组织内部,没有扩散到社会层面,不会给组织带来损害。如果组织的违法行为仍未得到阻止,告发者可以告发到第二层渠道,依此类推。这种层次化渐进式的渠道设计可以有效地平衡各方的利益。此外,告发人诉讼也是告发的渠道之一,因告发人诉讼的接受者是法院,将其列于第二层为宜,亦即告发者在提起告发人诉讼之前,应先穷尽组织内部告发渠道。如果宽松一些的话,至少也应先进行某种类型的内部告发。当然,对一些严重的组织违法情形和一些特殊的情形,应允许告发者径行向第二层或第三层的接受者进行告发。

第四,告发激励制度的重构:对组织和告发者两方的激励都不可偏废。我国告发激励制度存在的问题主要有两个方面:第一个问题是,我国缺乏对组织的激励制度,这其实也是不少国家公益告发立法最容易出现的疏忽。组织是公益告发制度所规制的重要对象之一,正是因为组织是该制度的“监控对象”,各国立法往往忽略了对组织的激励。第二个问题是,我国对于告发者的激励力度不够。我国缺乏对公部门的公益告发激励制度,对私部门告发者的奖励相比国外来说也少得可怜,可见,我国仍应加大对公、私部门告发者激励的力度。

鉴于组织在告发制度中的重要作用,我国的公益告发立法应高度重视对组织的激励措施,使其在自愿合规及对告发者提供保护等方面发挥更加积极的作用。此外,对公部门组织来说,因为其组织成员对组织的依赖程度很高,成员的流动性极低,告发比私部门显然更难,公部门的雇员获得激励的机会也更少。在公部门组织公益告发激励方面,不但要加大货币激励的力度,更重要的是,要综合使用隐性激励手段,比如,晋升或授予荣誉称号等,以此对公部门的潜在告发者提供激励。国有企业的情况又有所不同,如果是营利性的国企,应该参照私部门组织的公益告发激励制度来执行。从对私部门的雇员的激励来看,本书建议我国大幅提高告发者奖金的数额,可以借鉴国外的做法,规定一个比例,只要政府从被告发者身上拿回多少款项,就将这个款项的一部分奖励给告发者,不设上限。此外,因为私部门的雇员相对于公部门组织的雇员来说,自身素质较低,法律知识缺乏,加之私部门不像公部门那样有规范的内部告发制度,由此,对私部门的告发者提供帮助是必要的。从这一点上看,国外的告发监察制度可供我国立法者参考。

第五,告发保护制度的重构:应建立组织、组织监察专员、告发受理部门和司法部门四重保护体系。从告发的流程来看,可以为告发者提供保护的主体至少有组织、组织监察专员、告发受理部门和司法部门,法律应对这些部门课以保护告发者的责任,为告发者构建一个可靠的保护体系。

对告发者来说,来自他所服务的组织的保护是重要的。这当然与一个组织的告发文化有关,一些鼓励告发的组织会乐于为告发者提供保护,但是,如果组织本身都排斥告发,那就需要法律的强制性规定了。澳大利亚的一个级别很高的告发者研究项目①的研究报告认为,告发者所在的组织对告发者的保护责任是首要的,立法应规定(公部门)组织的保护责任。

告发监察专员分为内部和外部两种类型,他们的作用在于帮助告发者,也是一个重要的告发渠道。② 我国并没有组织监察专员制度,但是国外却普遍存在,③我国可以考虑借鉴国外的做法,建立告发监察专员制度。

告发受理单位应该向告发者提供类似于组织或组织监察人对告发者提供的保护,我国的立法应重新定义告发受理单位在保护告发者方面的法律责任,严格保证告发者身份信息的保密,在必要的时候为他们提供人身安全方面的保护。

---

① 这个项目的名称为"Whistling While They Work",由澳大利亚研究理事会资助,自2005年开始至2008年结束。这项研究是澳大利亚有史以来最大的关于这方面的研究项目,如果按人口平均,也是世界上最大的项目之一,参与研究的有6所大学,多个国际合作者以及14个协作组织,也包括许多澳大利亚廉政机构和公共部门管理机构。

② Björn Rohde-Liebenau, *The Value of an Ombuds System in Whistleblowing Situations*, in David Lewis & Wim Vandekerckhove eds., Whistleblowing and Democratic Values, International Whistleblowing Research Network, 2011: 70 – 85.

③ 参见韩春晖:《美国组织监察专员制度及其启示》,载《法商研究》2013年第6期。

司法部门可以给告发者提供什么样的保护完全取决于立法,因我国立法的落后,司法部门对告发者也是爱莫能助的。对于公部门来说,目前亟待建立司法救济体系,使公部门的雇员可将组织违法行为诉至法院。对私部门的员工来说,我国《劳动法》对告发者的保护的范围仍应加大。此外,还应考虑减少或倒置对损害行为的证明责任,一个公益告发作出且告发者遭受了损害,这就要求对此负有责任的组织来解释这样的损害并不是因为告发所致。

第六,告发诉讼制度的建立:应赋予告发者提起诉讼的原告资格。告发者在诉讼中虽然为其自身的利益,但其诉讼的主要目的在于维护公共利益,立法者设计告发人诉讼的目的也是如此。告发者也不是被告违法行为的直接受害人,按照民事诉讼法的理论,非“直接利害关系人”是不具有原告资格的,可见它不同于传统的民事诉讼,而是一种典型的公益诉讼。2012 年,我国《民事诉讼法》的修订,在第 55 条增加了公益诉讼制度,这是对 10 余年来学术界呼声的回应,具有里程碑式的意义。此后《环境保护法》的修订,更是明确确立了环境公益诉讼制度的具体要求。我们很有必要在现有公益告发制度的基础上,借鉴美国告发人诉讼的制度经验,并结合我国在公益诉讼上的理论和立法实践,建立我国的告发人诉讼制度。如果告发者通过组织内部告发并未达到阻止组织违法行为时,应允许他向组织外部告发,或者提起告发人诉讼,将组织的不法情事诉之法院。告发人诉讼当然包含于公益诉讼当中,但是因告发者身份的特殊,告发人诉讼与告发制度及公益诉讼制度的衔接问题仍值得我们研究。

我们显然无法再回到过去那种孤岛式的生活,随着社会的发展，我们越来越强烈地意识到，组织的行为连接我们的生活，我们比以往更容易被其反社会行为所损害。我们监控组织行为的制度有很多种，公益告发制度只是一种新的尝试，好在世界上已有不少国家先行一步了。我国公益告发的立法已经糟糕到无以复加的地步了，很有必要效仿国外的做法，颁布我国的公益告发法，结束目前三种制度割据的混乱局面。我们要对现有的公益告发的理念进行再造，对公益告发、告发者以及组织违法行为等概念进行准确定义；应设置良好的告发渠道，并对告发者激励和保护作出妥当的制度安排，这可使组织成员成为社会公众在组织内的代表，监控组织行为，不使其对社会公众造成损害。这对于增强组织的社会责任来说，亦具有重要的现实意义。①

① Wim Vandekerckhove, *Whistleblowing and Organizational Social Responsibility: A Global Assessment*, Aldershot: Ashgate Publishing, Ltd. ,2006.

参考文献

（一）中文资料

[1][日]田中英夫：《私人在法实现中的作用》，法律出版社2006年版。

[2]别涛编：《环境公益诉讼》，法律出版社2007年版。

[3]李卫国：《举报制度：架起公众监督的桥梁》，中国方正出版社2011年版。

[4]李卫国等编：《国家工作人员举报工作知识读本》，中国方正出版社2002年版。

[5]颜运秋：《公益诉讼理念研究》，中国检察出版社2002年版。

[6]张卫平：《诉讼构架与程式——民事诉讼的法理分析》，清华大学出版社2001年版。

[7]左卫民：《诉讼权研究》，法律出版社2003年版。

[8]王名扬主编：《法、美、英、日行政法简明教程》，山西人民出版社1991年版。

[9][美]博登海默：《法理学：法律哲学与法

律方法》，邓正来译，中国政法大学出版社2004年版。

[10]罗豪才：《软法与公共治理》，北京大学出版社2006年版。

[11]高闯北：《公司治理：原理与前沿问题》，经济管理出版社2009年版。

[12]赵玲：《公司治理：理论与制度》，法律出版社2009年版。

[13][美]马克·罗伊：《公司治理的政治维度：政治环境与公司影响》，陈宇峰译，中国人民大学出版社2008年版。

[14]《多德－弗兰克华尔街改革与消费者保护法案》，董裕平译，中国金融出版社2010年版。

[15]高鸿钧：《法治：理念与制度》，中国政法大学出版社2002年版。

[16]高雄大学政治法律学系主编：《公益揭发——职场伦理新趋势》，巨流图书股份有限公司2010年版。

[17]李智仁、王乃民、康复明、陈铭祥：《企业管理与法律》，元照出版有限公司2010年版。

[18]刘连煜：《公司治理与公司社会责任》，中国政法大学出版社2001年版。

[19]刘连煜：《公司法制的新开展》，中国政法大学出版社2008年版。

[20][美]沈杰·安南：《萨班斯——奥克斯利法案精要》，曾嵘译，中国时代经济出版社2008年版。

[21]王保树、王文宇主编：《公司法理论与实践：两岸三地观点》，法律出版社2010年版。

[22]王保树：《实践中的公司法》，社会科学文献出版社2008

年版。

[23]王泽鉴:《民法学说与判例研究》(第八册),北京大学出版社2009年版。

[24]易明秋:《公司治理法制论》,台北,五南图书出版股份有限公司2007年版。

[25]《美国索克斯法案》,张安华译,知识产权出版社2007年版。

[26]中国法学会商法学研究会:《中国商法年刊:商法视野中的社会责任》,知识产权出版社2010年版。

[27]王保树:《商事论文集(11)》,法律出版社2006年版。

[28]王伟:《论我国举报人合法权益保护制度的完善》,中国政法大学出版社2011年版。

[29]刘洪:《工程举报研究——从工程伦理的观点看》,浙江大学2007年硕士学位论文。

[30]吴楠:《公民举报权的法律保障机制及其完善》,安徽大学2006年硕士学位论文。

[31]李磊:《论公民检举权的保护》,沈阳师范大学2011年硕士学位论文。

[32]曾国光:《台湾公务人员贪渎举报制度之研究——激励途径之分析》,东海大学2002年硕士学位论文。

[33]王宁:《论我国检察举报制度的完善》,中国政法大学2007年硕士学位论文。

[34]汤洵:《我国检察举报问题研究——以检察院举报工作规定为例的研究》,华东政法大学2010年硕士学位论文。

[35]曹明德、刘明明:《论美国告发人诉讼制度及其对我国环境治理的启示》,载《河北法学》2010 年第 11 期。

[36]李飞:《法律如何面对公益告发——法理与制度的框架性分析》,载《清华法学》2012 年第 1 期。

[37]曾德伟、田秋香:《检举的基本伦理原则》,载《文史博览(理论)》2008 年第 12 期。

[38]李志明:《我国公民检举权的理论基础》,载《广州大学学报(社会科学版)》2011 年第 1 期。

[39]陈一铭、李智仁:《公司治理与公益通报保护法制》,载《万国法律》2008 年第 158 期。

[40]程延园:《英美解雇制度比较分析——兼论解雇中的法律和经济问题》,载《中国人民大学学报》2003 年第 2 期。

[41]胡立峰:《美国劳动法对雇主不当解雇行为的规制:源流、发展与反思》,载《环球法律评论》2009 年第 1 期。

[42]胡立峰:《论任意雇佣原则在美国劳动法中的衰落》,载《现代法学》2009 年第 4 期。

[43]胡立峰:《美国劳动法上雇佣自由原则的公共政策例外:形成、实践与反思》,载《西南政法大学学报》2009 年第 3 期。

[44]孙博、蒋江:《关于加强举报人权益保护的思考》,载《法制与社会》2009 年第 6 期。

[45]童海保、岳一兵:《论我国举报人保护制度的完善》,载《江东论坛》2006 年第 4 期。

[46]吴文芳、韦祎:《论劳动合同中的附随义务——兼评〈中华人民共和国劳动合同法(草案)〉的相关条款》,载《法商研究》2006

年第 4 期。

[47]谢棋楠:《英美法国家对吹哨者合法爆料行为之认定》,载《台湾劳动评论》2011 年第 3 期。

[48]杨戊龙、程挽华:《澳洲各州公益揭发保护立法比较分析》,载《行政暨政策学报》2012 年第 55 期。

[49]杨戊龙:《美国联邦政府保护揭弊公务员之制度与发展》,载《政治科学论丛》2006 年第 29 期。

[50]应飞虎:《有效监督与法律遵循》,载《河北法学》2003 年第 2 期。

[51]李建华、牛磊:《行政检举:走向一种新的行政忠诚——对行政伦理学忠诚困境的解读》,载《南昌大学学报(社会科学版)》2007 年第 1 期。

[52]牛磊、李建华:《国内外行政检举问题研究评述》,载《江海学刊》2008 年第 2 期。

[53]朱小理、胡松:《试论目前我国的检举控告制度》,载《求实》2005 年第 3 期。

[54]魏隽如:《试论党内监督、群众检举与加强法制对于反腐败的重要作用》,载《河池师专学报(社会科学版)》1999 年第 1 期。

[55]朱小理:《论进一步完善人民群众对领导干部的检举控告制度》,载《前沿》2003 年第 7 期。

[56]王宝龙:《建立统一完善的检举制度》,载《理论学习》2000 年第 9 期。

[57]罗辉勇:《检举揭发行为的特征及查证中的问题》,载《人民司法》2001 年第 4 期。

［58］李亮：《公务员检举权的法律探讨》，载《陕西省经济管理干部学院学报》2003年第4期。

［59］［韩］郑再和：《防止腐败保护内部检举者之研究》，载《社会科学研究》2000年第6期。

［60］吴丕：《“腐败排行榜”与中国反腐败》，载《北京大学学报（哲学社会科学版）》2000年第3期。

［61］刘丽伟：《发达国家公共行政中伦理价值的确立与启示》，载《学术交流》2006年第2期。

［62］姜裕富：《德国公务员忠诚义务理论及其对我国的启示》，载《中共杭州市委党校学报》2006年第2期。

［63］郭夏娟、李劲松：《个体行政道德的发展与伦理责任模式》，载《理论与改革》2003年第6期。

［64］刘寿明：《论官僚制的行政伦理精神》，载《中山大学学报论丛》2006年第2期。

［65］王宝龙：《建立统一完善的检举制度》，载《理论学习》2000年第9期。

［66］盛小金：《略论我国公务员的检举权》，载《云南行政学院学报》2007年第4期。

［67］李志明、潘如新：《论公民检举权保障制度的完善》，载《政治与法律》2011年第10期。

［68］赖德明、赖德亮：《加强公民举报权的制度保障》，载《法学》2006年第6期。

［69］李继华：《我国检察举报制度的问题及对策》，载《法学杂志》2006年第2期。

[70]张军:《举报奖励机制刍议》,载《检察理论研究》1994 年第 2 期。

[71]吴丹红:《举报人法律保护的实证研究——从检察机关与举报人的关系切入》,载《法治论坛》2007 年第 2 期。

[72]曾乐非、郭玉:《完善举报制度的路径》,载《人民检察》2009 年第 4 期。

[73]王瑞娟:《完善我国举报机制的思路探讨》,载《理论探索》2005 年第 4 期。

（二）外文资料

[1]OB Roberts, *Action Qui Tam Under the Patent Statues of the United States*, Harvard Law Review, 1986.

[2]Estelle Feldman, *Protection for Whistleblowers*, *Research Associate*, *School of Law*, *Trinity College*, *University of Dublin*, 9th International Anti-Corruption Conference(IACC), 10 – 15 October, 1999, Durban, South Africa.

[3]Jonathan T. Brollier, *Mutiny of the Bounty*: *A Moderate Change in the Incentive Structure of Qui Tam Actions Brought under the False Claims Act*, Ohio State Law Journal, 2006, 67.

[4]Eric M. Fraser, *Reducing Fraud against the Government*: *Using FOIA Disclosures in Qui Tam Litigation*, The University of Chicago Law Review, 2008.

[5]Beverly Cohen, *KABOOM*! *The Explosion of Qui Tam False Claims Under the Health Reform Law*, Penn State Law Review, 2003.

[6]Robert Salcido, *The Government Declares War On Qui Tam*

Plaintiffs Who Lack Inside Information: The Government's New Policy to Dismiss These Parties in False Claims Act Litigation, The Health Lawyer, 2000.

[7] Drew A. Harker, *Whistleblower Incentives and Protections in the Financial Reform Act*, Arnold & Porter LLP, 2010(7).

[8] Craig Deutsch, *Restoring Truth: An Argument to Remove the Qui Tam Provision from the False Marking Statute of the Patent Act*, *Minnesota Journal of Law*, Science & Technology, 2010(11).

[9] Jill E. Fisch, *Class Action Reform, Qui Tam, and the Role of the Plaintiff*, Law And Contemporary Problems, 1997.

[10] P. H. Jos & M. E. Tompkins, *Fighting Medicaid Fraud: The Deficit Reduction Act, Federal Incentives to Enact State Qui Tam Laws and the New York State False Claims Act*, Public Administration Review, 1998.

[11] J. Androphy & A. Peavy, *Bringing Rogues to Justice: The Qui Tam Provisions of the False Claims Act*, Texas Bar Journal, 2002.

[12] Thomas L. Harris, *Alternate Remedies & The False Claims Act: Protecting Qui Tam Relators in Light of Government Intervention And Criminal Prosecution Decisions*, Cornell Law Review, 2005.

[13] Donald H. Caldwell, *Qui Tam Actions: Best Practices for Relator's Counsel*, Journal of Health Law, 2005.

[14] GR Nichol, *Justice Scalia, Standing, and Public Law Litigation*, Duke Law Journal, 1993.

[15] Aaron S. Kesselheim, *Whistle-Blowers' Experiences in Fraud*

Litigation Against Pharmaceutical Companies, The new england journal of medicine, 2010.

[16] Matthew J. Termine, *Promoting Residential Integration Through the Fair Housing Act: Are Qui Tam Actions*, Fordham Law Review, 2011.

[17] J. Gobert & M. Punch, *Whistleblowers, the Public Interest, and the Public Interest Disclosure Act* 1998, The Modern Law Review, 2000.

[18] Joel M. Androphy & Mark A. Correro, *Whistleblower and Federal Qui Tam Litigation —Suing The Corporation for Fraud*, South Texas Law Review, 2002.

[19] Christopher P. Perzan, *Research and Relators: The False Claims Act and Scientific Misconduct*, Washington University Law Review, 1992.

[20] Jeremy A. Rabkin, *The Secret Life of the Private Attorney General*, Law And Contemporary Problems, 1998.

[21] Edmund C. Baird Ⅲ, *The Use of Qui Tam Actions to Enforce Federal Grazing Permits*, Washington University Law Review, 1994.

[22] Ben Depoorter & Jef De Mot, *Whistle Blowing*, George Mason University School of Law Working Paper Series, 2004.

[23] Christina Orsini Broderick, *Qui Tam Provisions and the Public Interest: An Empirical Analysis*, Columbia Law Review, 2007.

[24] Charles R. Macedo, Amster Rothstein & Ebenstein LLP, "*Any*" *Person Has Standing for False Marking Claim in Use*, Intellectual Property Law, 2010(11).

[25] Paul D. Carrington, *Qui Tam: Is False Claims Law a Model For International Law?* False Claims Law In 2012, 2012(12).

[26] David Freeman Engstrom, *Harnessing the Private Attorney General: Evidence From Qui Tam Litigation*, Columbia Law Review, 2012.

[27] J. Braithwaite-Accounting, *Flipping Markets to Virtue With Qui Tam and Restorative Justice*, Organizations and Society, 2012.

[28] SF Hayes, *Enforcing Civil Rights Obligations Through the False Claims Act*, Colum. J. Race & L. 2012.

[29] NW Stephens, *From Forest Group to the America Invents Act: False Patent Marking Comes Full Circle*, Iowa Law Review, 2011.

[30] CM Schrand & SLC Zechman, *Financial Misreporting and Executive Compensation: The Qui Tam Statute*, Journal of Accounting and Economics, 2012.

[31] Christopher M. Alexion, *Open the Door, Not the Floodgates: Controlling Qui Tam Litigation Under the False Claims Act*, Washington and Lee Law Review, 2012.

[32] Timothy Stoltzfus Jost, *Optimizing Qui Tam Litigation and Minimizing Fraud and Abuse: A Comment on Christopher Alexion's Open the Door, Not the Floodgates*, Washington and Lee Law Review, 2012.

[33] S. Jayaraman & T. Milbourn, *Whistle Blowing and CEO Compensation: The Qui Tam Statute*, AFA 2011 Denver Meetings Paper, 2010.

[34] M. Andrew Holtman, *Stemming the Tide of False Marking Cases*, Bloomberg Law Reports, 2011.

[35] Evan Caminker, *The Constitutionality of Qui Tam Actions*, Yale Law Journal, 1989, 99(2).

[36] Bowers John, Fodder Martin, Lewis Jeremy & Mitchell Jack, *Whistle-Blowing: Law and Practice*, Oxford: Oxford University Press, 2007.

[37] Johnson & Robert Ann, *Whistle-Blowing: When It Works and Why*, Lynne Rienner Publishers, 2003.

[38] Latimer, Paul & Brown A. J., *Whistleblower Laws: International Practice*, Unsw Law Review, 2008(31).

[39] Latimer, Paul & Brown A. J., *In Whose Interest? The Need For Consistency in to Whom, and about Whom, Australian Public Interest Whistleblower Can Make Protected Disclosure*, Deakin Law Review, 2007(12).

[40] Lewis & David, *Whistle-Blowing Statutes in Australia: Is It Time For a New Agenda?*, Deakin Law Review, 2003(8).

[41] Lewis & David, *Whistle-Blowing at Work: On What Principles Should Legislation Be Based*, Industrial Law Society, 2001(2).

[42] Lewis & David, *Whistleblowers and Job Security*, The Modern Law Review, 1995(58).

[43] Lobel & Orly, *Linking Prevention, Detection, and Whistle-Blowing: Principles For Designing Effective Reporting Systems*, South Texas Law Review, 2012.

[44] Mahat & Raxak A., *Carrot for the Lawyer: Providing Economic Incentives for In-House Lawyers in a Sarbanes-Oxley Regime*, The Feorgetown Journal of Legal Ethics, 2008(21).

[45] Mendelsohn & Jenny, *Call the Boss or Calling the Press: A Comparison of British and American Responses to Internal and External Whistle-Blowing*, Wash. U. Global Stud. Law. Review, 2009(8).

[46] Mesmer-Magnu, Jessicar & Viswesvaran, *Hockalingam. Whistle-Blowing in Organizations: An Examination of Correlates of Whistle-Blowing Intentions, Actions, and Retaliation*, Journal of Business Ethics, 2005(62).

[47] Moberly & Richard E., *Sarbanes-Oxley's Whistleblower Provisions: Ten Years Later*, South Carolina Law Review, 2012(64).

[48] Moberly & Richard. E., *Unfilled Expectations: An Empirical Analysis of Why Sarbanes-Oxley Whistleblowers Rarely Win*, South Texas Law Review, 2003 - 2004, (45).

[49] Cherry & Miriam A., *Whistling in the Dark? Corporate Fraud, Whistleblowers, and the Implications of the Sarbanes-Oxley Act for Employment Law*, Washington Law Review, 2004(79).

[50] Desai & Umang, *Crying Foul: Whistleblower Provisions of the Dodd-Frank Act of* 2010, Loyola University Chicago Law Journal, 2012.

[51] Dowling & Donald C., *Global Whistleblower Hotline Toolkit How to Launch and Operate a Legally-Compliant International Workplace Report Channel*, The International Lawyer, 2011(45).

[52] Dworkin, Terry Morehead & Brown A. J., *The Money or the*

Media? Lessons from Contrasting Developments in us and Australian Whistle-Blowing Laws, Seattle Journal For Social Justice, 2013(11).

[53] Dworkin & Terry Morehead, *Sox and Whistle-Blowing*, Michigan Law Review, 2007(105).

[54] Dworkin & Terry Morehead, *Whistle-Blowing, Mncs, and Peace*, Vand. J. Transnat'l L., 2002(35).

[55] Elletta Sangrey Callahan, Terry, Morehead Dworkin & David Lewis, *Whistle-Blowing: Australian, U. K., and U. S. Approaches to Disclosure in the Public Interest*, Virginia Journal of International Law, 2003 - 2004(44).

[56] Haigh Richard & Bowal Peter, *Whistle-Blowing and Freedom of Conscience: Towards a New Legal Analysis*, The Dalhousie Law Journal, 2012(35).

[57] Jonathan Macey, *Getting the Word Out about Fraud: A Theoretical Analysis of Whistle-Blowing and Insider Trading*, Michigan Law Review, 2006 - 2007(105).

[58] Jubb Peter B., *Whistle-Blowing: A Restrictive Definition and Interpretation*, Journal of Business Ethics, 1999(21).

[59] Bast Carol M., *At What Price Silence: Are Confidentiality Agreements Enforceable?*, William Mitchell Law Review, 1999(25).

[60] Baynes Leonard M., *Just Pucker And Blow?: An Analysis of Corporate Whistleblowers, the Duty of Care, the Duty of Loyalty and the Sarbanes-Oxley Act*, St. John's Law Review?, 2002(76).

[61] Beller & Rachel, *Whistleblower Protection Legislation of the*

East and West: *Can It Really Reduce Corporate Fraud and Improve Corporate Governance? A Study of the Successes and Failures of Whistleblower Protection Legislation in the Us and China*, NYU Journal of Law & Business, 2011(7).

[62] Brodepuck & Christina Orisini, *Qui Tam Provisions and the Public Interest*: *An Empirical Analysis*, Columbia Law Review, 2007(5).

[63] Brown Aj & Latimer Paul, *Symbols Or Substance? Priorities for the Reform of Australian Public Interest Disclosure Legislationf*, Griffith Law Review, 2008(17).

[64] Campbell & Geneva, *Snitch Or Savior? How the Modern Culture Acceptance of Pharmaceutical Company Employee External Whistle-Blowing Is Reflected in Dodd-Frank and the Affordable Care Act*, University of Pennsylvania Journal of Business Law, 2013.

[65] Cavico Rank J., *Private Sector Whistle-Blowing and the Employment-At-Will Doctrine*: *A Comparative Legal*, Ethical, And Pragmatic Review, 2007.

[66] Moberly Richard E., *Sarbanes-Oxley's Structural Mobel to Encourage Corporate Whistleblowers*, Brigham Young University Law Review, 2006(1107).

[67] Neal Michael, *Securities Whistle-Blowing Under Dodd-Frank*: *Neglecting the Power of M Enterprising Privateers in Favor of the Slow-Going Public Vessel*, Lewis & Clark Law Review, 2011(15).

[68] Pascoe, Janine & Welsh Michelle, *Whistle-Blowing, Ethics and*

Corporate Culture: *Theory and Practice in Australia*, Common Law World Review, 2011(40).

[69] Rapp & Geoffrey Christopher, *False Claims*, *Not Securities Fraud*: *Towards Corporate Governance by Whistleblowers*, Chapman's Journal of Law & Policy, 2009 – 2010(15).

[70] Schmidt & Matthias, "*Whistle Blowing*" *Regulation and Accounting Standards Enforcement in Germany and Europe — An Economic Perspective*, International Review of Law And Economics, 2005(25).

[71] Vega & Matt A., *Beyond Incentives*: *Making Corporate Whistleblower Moral in the New Era of Dodd-Frank Act Bounty Hunting*, Connecticut Law Review, 2012(12).

[72] Watnick & Valeri, *Whistleblower Protections under the Sarbanes-Oxley Act*: *A Prime and a Critique*, Fordham J. Corp. & Fin. L., 2007(12).

[73] Weil & Vivian, *Comments on* "*The Psychology of Whistle-Blowing*" *and* "*The Voice of Experience*", Science and Engineering Ethics, 1998(4).

[74] Wim Vandekerckhove, *Whistleblowing and Organizational Social Responsibility*: *A Global Assessment*, Aldershot: Ashgate Publishing, Ltd., 2006.

[75] Martin M. W. & Schinzinger R., *Ethics in Engineering*, 4th ed. New York: The McGraw-Hill Companies, Inc., 2005.

[76] Kevin Rubinstein, *Corporate Governance Five Years After*

Sarbanes-Oxley:*Is There Real Change*?, New York: Law Review of New York Law School, 2008. 52.

[77] Yu-HaoYeh, *The Effectiveness of the Whistleblower Protection under the Sarbanes-Oxley Section* 806 *in Corporate Governance*, Kansas: University of Kansas, 2011.

[78] Jonathan T. Brollier, *Mutiny of the Bounty*: *A Moderate Change in the Incentive Structure of Qui Tam Actions Brought under the False Claims Act*, Ohio State Law Journal. 2006, 67.

[79] Callahan E. S. & Dworkin T. M., *The State of State Whistleblower Protection*, American Business Law Journal, 2000, 38(1).

[80] Lois A. Lofgren, *Whistleblower Protection*: *Should Legislatures and the Courts Provide a Shelter to Public and Private Sector Employees Who Disclose the Wrongdoing of Employers*?, South Dakota Law Review, 1993, 38.

[81] Kathleen F. Brickey, *From Enron to WorldCom and Beyond*: *Life and Crime after Sarbanes-Oxley*, Washington University Law Quarterly, 2003, 81.

[82] Vandekerckhove W. & Commers. M. S. R., *Whistle blowing and rational loyalty*, Journal of Business Ethics, 2004, 53.

[83] Janet P. Near & Marcia P. Miceli, *Effective Whistleblowing*, Academy of Management Review, 1995, 20(3).

[84] Joel M. Androphy & Mark A. Correro, *Whistleblower and Federal Qui Tam Litigation—Suing the Corporation for Fraud*, South Texas Law Review, 2003, 45.

[85] Frederick D. Lipman, *Whistleblowers: Incentives, Disincentives, and Protection Strategies*, John Wiley & Sons, Inc, 2011.

[86] Cortina L. M. & Magley V. J., *Raising Voice, Risking Retaliation: Events Following Interpersonal Mistreatment in the Workplace*, Journal of Occupational Health Psychology, 2003, 8.

[87] William E. Kovacic, *Whistleblower Bounty Lawsuits as Monitoring Devices in Government Contracting*, Loyola of Los Angeles Law Review, 1996, 29.

[88] Evan Caminker, *The Constitutionality of Qui Tam Actions*, The Yale Law Journal, 1989, 99(2).

附 录

附录一 美国《萨班斯 - 奥克斯利法案》节选

第 301 节 公众公司审计委员会

1934 年的证券交易法的 10A 部分的修订增加了下述条款：

(m)与审计委员会相关的规定——

……

(4)投诉——发行证券公司审计委员会应设立程序以处理：

(A)发行证券公司收到的关于其会计、内部控制或审计方法的投诉；

(B)发行证券公司雇员对有疑问的会计与审计事项的秘密举报。

第 806 节 保护提供欺诈证据的公众公司的雇员

(a)总则。——修订美国法典第 73 段第 18

章，在第1514节后增加：

“§1514A. 在欺诈案件中防止报复的民事诉讼。

(a)保护进行揭发的公众公司雇员。

——根据1934年证券交易法第12节注册，或根据1934年证券交易法第15(d)节进行申报的发行证券的公司，或其他任何官员、雇员、立约人、子立约人，或这些公司代表人都不能因为雇员采取了以下合法行为，而解雇、降职、停职、威胁、骚扰或以其他方式在雇佣关系中歧视雇员——

(1)提供信息，导致信息的提供，或在雇员有理由相信某种行为违反了1341、1343、1344或1348节，SEC的任何法规和规章，或联邦法律有关欺诈股东的条款时，在对这些行为的调查中提供帮助，而且信息或帮助提供给下列机构或是下列机构进行调查——

(A)联邦监管或执法机构；

(B)国会议员或国会的某委员会的成员；或

(C)比雇员有更高权威的人(或为雇主工作但有权调查、揭露或制止不当行为的人)；或

(2)报告，导致报告，证明、参与或帮助正在进行的或者将要进行的报告(得知雇主情况)可能违反1341、1343、1344或1348节，SEC的任何法规和规章，或联邦法律有关欺诈股东的条款的行为。

(b)司法程序。——

(1)总则。——宣称被人以违反(a)小节的形式解雇或歧视的人可以通过如下方式得到(c)小节中的救济——

(A)向劳工部申诉；或

(B)如果该部没有在从开始申诉的180天内作出最终决定，而

且这种延误不是由于申诉的虚假而造成，就有权在有管辖权的地区法庭进行司法起诉或依据平衡法提请重新辩论，法庭应该对案件有裁量权，不考虑争论的情况。

(2)程序。——

(A)总则。——根据(1)(A)段的申诉应按照美国法典第42121(b)节第49章的规定和程序进行。

(B)例外。——根据美国法典第42121(b)节第49章作出的通知，应该根据申诉中的人名和雇主名进行定制。

(C)举证责任。——根据(1)(B)段的诉讼应实行美国法典第42121(b)节第49章中规定的法定举证责任。

(D)限制性条款。——根据段(1)进行的诉讼应该在违法发生后90天内启动。

(c)救济。——

(1)总论。——在(b)(1)节规定的任何诉讼中，雇员应被赋予所有必要的救济以弥补所有损失。

(2)伤害赔偿。——对(1)段中诉讼的救济应包括——

(A)恢复如果不是因为歧视，雇员能达到的职务等级；

(B)欠薪包括利息；和

(C)补偿由于歧视产生的特殊损害，包括司法费用，专家作证费用和合理的律师费。

(d)雇员保留的权利。——本节不能被认为是取消雇员在根据联邦或州法律，或在集体谈判协议中应得的权利、特权和补偿。”

(b)文字修改。——美国法典第73节第18章开始的目录中在第1514节后增加：

“1514A. 在欺诈案件中防止报复的民事诉讼。”

第 1107 节　对举报人打击报复

(a)总则。——修订美国法典第 1513 节第 18 章,在结尾增加:

“(e)对向执法官员提供有关触犯或可能触犯联邦刑律行为的真实信息的人故意进行打击报复,采取对危害举报人的行动,包括干涉举报人的合法工作和生活来源,应根据本章处以罚款,10 年以下监禁,或并罚。”

附录二　英国《公益披露法》

第一章

受保护的披露

1. 在《就业权利法 1996》(下称“1996 年法案”)第 4 节后插入:

第 4A 节

受保护的披露

《就业权利法》43A 节

受保护的披露的定义

43A 本法所称一个“受保护的披露”指一个由劳动者依据第 43C 节至第 43H 节而作出的“合格的披露”(由 43B 节定义)。

《就业权利法》43B 节

受保护的披露

43B.

(1)在这一章,一个“合格的披露”指的是劳动者秉持合理相信进行的信息披露,被披露的信息包含公共利益并趋向于显示一个或多个如下特点:[“包含公共利益”由《企业和监管改革法案 2013》插入本节,并适用于 2013 年 6 月 25 日当天或以后发生的披露。]

(a)一个刑事犯罪已经发生,正在发生或可能要发生,

(b)一个人没有、正在或可能不履行任何他应承担的法定义务,

(c)一个枉法裁判已经发生、正在发生或可能发生,

(d)任何个体的健康和安全已经、正在或可能遭受危险,

(e)环境已经、正在或可能遭受危险,或

(f)包括上述任何一情形的信息已经、正在或可能被故意隐匿了。

(2)因为第(1)分节的目的所在,相关破坏是否已经发生、正在发生或将要发生在英国或其他地方在所不问,也不管其应适用的法律是英国、其他国家或区域。

(3)若一个人以犯罪的方式进行披露,这种信息的披露不是合格的披露。

(4)如果披露者是在获取法律咨询过程接受披露的那一个人,一个主张法律专业特权(在苏格兰指客户与专业法律顾问之间的秘密保守)应在法律程序中始终保持的信息披露不是合格的披露。

(5)本章中与一个合格披露关联的“相关破坏”指披露的事实落入第(1)分节第(a)至(f)款之中。

《就业权利法》43C 节

向雇主或其他负责人披露

43C.

(1)如果劳动者秉持善意依照本节进行披露,为合格的披露。

[“秉持善意”已被《企业和监管改革法案 2013》删除,2013 年 6 月 25 日当天或以后发生的披露不再适用。]

(a)向他的雇主,或

(b)劳动者合理相信相关破坏单独或主要,

(i)由一个雇主以外的他人指挥,或

(ii)由雇主以外的他人负有法律责任,向他人。

(2)一个劳动者根据其雇主批准的程序,对其雇主以外的他人进行合格的披露,合乎本章的目的,视为向他的雇主作合格的披露。

《就业权利法》43D 节

向法律顾问披露

43D.

在获取法律咨询的过程中依照本章进行的披露,为合格的披露。

《就业权利法》43E 节

向内阁成员披露

43E.

依照本章作出的符合下列情形之一的披露为合格的披露:

(a)劳动者的雇主是:

(i)由内阁成员(或苏格兰行政院)通过法律(包括苏格兰议会制定的法律或法律文书)指定的人,或

(ii)一个其中某一成员如上款指派的机构,且

(iii)秉持善意向内阁成员(或苏格兰行政院的成员)进行披露。[“秉持善意”已被《企业和监管改革法案 2013》删除,2013 年 6 月 25 日当天或以后发生的披露不再适用。]

《就业权利法》43F 节

向规定的人披露

43F.

(1)依照本章进行的披露为合格的披露,如果劳动者:

(a)符合本章的目的秉持善意向国务大臣通过行政命令指定的人进行披露,且[“秉持善意”已被《企业和监管改革法案 2013》删除,2013 年 6 月 25 日当天或以后发生的披露不再适用。]

(b)合理相信,

(i)相关破坏落入该指定的人被指定负责的事务范围之内,且

(ii)被披露的信息,及其中包含的指控,为实质真实。

(2)因为本章的目的被一个行政命令指定的人将明确人员或人员描述,且应明确每个人负责的事务,或明确每个被指定负责的事务的负责人。

《就业权利法》43G 节

其他情形的披露

43G.

(1)依照本章作出的披露为合格的披露,如果:

(a)劳动者秉持善意进行披露,[该分节已被《企业和监管改革法案 2013》删除,2013 年 6 月 25 日当天或以后发生的披露不再适用。]

(b)他合理相信他所披露的信息及其中包含的指控为实质真实,

(c)他并非为个人利益而进行披露,

(d)符合第(2)分节的情形,且

(e)在本案的任何情形下,他的披露是合理的。

(2)与第(1)分节(d)关联的情形包括:

(a)劳动者在披露时合理相信如果他向他的雇主或依照43F节进行披露将受到来自雇主的伤害,

(b)在相关破坏并没有43F节所规定的指定的人时,劳动者合理相信如果他向雇主披露,与相关破坏相关的证据将被隐匿或毁坏,或

(c)劳动者此前已经进行了与本次披露大体相同的信息披露,

(i)向他的雇主,或

(ii)依照43F节。

(3)在判断第(1)分节(e)劳动者的披露是否合理时,应特别考虑:

(a)接受披露人的身份,

(b)相关破坏的严重程度,

(c)相关破坏是否正在继续或可能发生在将来,

(d)披露是否违反了雇主与他人之间的保密义务,

(e)如果符合第(2)分节(c)(i)或(ii)的情形,雇主或依照43F节指定接受披露的人已经对前一个披露采取或者可合理期待采取行动作为前一个披露的结果,且

(f)如果符合第(2)分节(c)(i)的情形,劳动者是否遵照雇主设定的程序进行披露。

(4)尽管后来的披露包含了是否有人对此前的披露采取或未采取行动的信息作为此前的披露的结果,根据本章的目的,后来的披露仍会被视为第(2)分节(c)所提到的大体上包含了此前披露相同

信息的披露。

《就业权利法》43H 节

异常严重破坏的披露

43H.

(1)依照本节进行的披露将是一个合格的披露,如果:

(a)劳动者秉持善意进行披露,[该分节已被《企业和监管改革法案2013》删除,2013 年 6 月 25 日当天或以后发生的披露不再适用。]

(b)他合理相信他所披露的信息及其中包含的指控为实质真实,

(c)他并非为个人利益而进行披露,

(d)相关破坏异常严重,且

(e)在本案的任何情形下,他的披露是合理的。

(2)在判断第(1)分节(e)劳动者进行披露是否合理时,应特别考虑接受披露人的身份。

《就业权利法》43J 节

合同中的保密义务

43J.

(1)在本节可以适用的范围内的任何意图阻止劳动者进行受保护的披露的协议条款是无效的。

(2)本节适用于任何劳动者与雇主之间的协议(不管是否有书面劳动合同),包括抑制根据本法发起、继续任何法律程序或任何违反劳动合同的法律程序的协议。

《就业权利法》43K 节

第 4A 章中“劳动者”释义的拓展等

43K.

(1)因本章的目的,“劳动者”包括根据第 230 节(3)的定义并不属于劳动者的个人,但他

(a)在以下情形下为(或曾经为)个人工作,

(i)他被(或曾被)第三人介绍来做那个工作,且

(ii)约定他从事工作的合同条款实质上并非由他自己决定,而是由他为之工作的那个人,或第三人,或他们两人共同决定,

(b)与(或曾与)一人订立合同,为了那人的商业目的,但是工作执行地点并不在那人的控制和管理之下,若用“不管私人地或别的方式”替代条款中的“私人地”将符合第 230 节(3)的规定,

(c)根据如下安排以个人身份工作(或曾经工作),提供一般医疗服务、一般牙科服务、一般眼科服务或药剂服务,

(i)经一个[初级保健信托或]《国民健康服务法 1997》第 29,35,38 或 41 节项下的卫生局,或

(ii)经《国民健康服务法(苏格兰)1978》第 19,15,26 或 27 节项下的卫生局,或

(d)拥有从培训课程或项目得来的工作经验或就业培训(或两者都有),但并非如下情形:

(i)根据雇佣合同,或

(ii)经教育机构的课程培训。

且劳动者的劳动合同的任何引证,对雇佣或对一个劳动者“被雇佣”来说都将据此进行解释。

(2)根据本章的目的,“雇主”包括:

(a)与第(1)分节(a)款规定的劳动者有关,他实质上决定着或已经决定他所从事工作的合同条款,

(b)与该分节(c)款规定的劳动者有关,即该款提到的卫生局,且

(c)与该分节(d)款规定的劳动者有关,这个人提供工作经验或培训。

(3)在本节,“教育机构”包括任何大学、学院、学校或其他教育机构。

《就业权利法》43KA 节

本章的请求及警察相关条款

(1)为如下目的

(a)本章,

(b)与本节有关的第 47B、48、49 节,及

(c)第 103A 节及第 10 章与不被不公平解雇的权利有关(据 103A 节该解雇为不公平的情形)的其他条款,

一个人非因雇佣合同而拥有警察办公室或被任命为实习警察将被视为因雇佣合同而被相关警官雇佣的雇员;对该劳动者“被雇佣”和他的“雇主”来说,任何引证将据此进行解释。

(2)本节中的“相关警官”指

(a)与警察部门的成员或被委派负责某一区域的特别警察有关,警察局长;

(b)与 NCIS 中的某位被委任的警员有关,NCIS 处长;

(c)与 NCS 中的某位被委任的警员有关,NCS 处长;

(d)与其他拥有警察办公室或被任命为实习警察有关,这个人管理和控制该警察机构或实习生。

《就业权利法》43L节

其他解释条款

43L.

(1)本章中

“合格的披露”依照第43B节对它的定义;

与一个合格的披露有关的“相关破坏”依照第43B(5)节对它的定义。

(2)依本章的目的,判断一个人是否因其个人利益而进行披露时不考虑依其他法律应付的奖金。

(3)在一个人收到信息时已经留意到该信息的情形下,这章中用来披露信息的引证都应被认为是已经引起他注意的有效引证。

《公益披露法》第2节

不受损害的权利

2.在1996年法案第47A节后插入:

47B.

受保护的披露

(1)劳动者有权不因进行了受保护的披露而因雇主的行为(或不作为)而遭受任何损害。

(1A)劳动者(“W”)有权不因进行了受保护的披露而遭受来自以下主体的行为(或故意的不作为)的任何损害:

(a)劳动者雇主的另一名雇员(在其雇佣期间),或

(b)有其雇主授权的雇主的代理人。

(1B)如果劳动者受到来自(1A)分节所提到的任何主体的损害,这种损害均视为由劳动者的雇主造成。

(1C)因(1B)分节的目的所在,这种损害的造成是否来自劳动者雇主的知识或同意均在所不问。

(1D)在劳动者因(1A)(a)分节的事由起诉雇主的法律程序中,雇主可以其采取了合理的措施来阻止另一个雇员采取下列行动作为抗辩:

(a)做那个事情,或

(b)做那个描述中的任何事情。

(1E)在下列情形下,劳动者雇主的雇员或代理人损害劳动者的利益但不因(1A)分节的规定而承担责任:

(a)雇员或代理人依据雇主的声明而作出那样的行为且不违反本法的规定,且

(b)雇员或代理人合理地依赖那个声明。

但这些都不能使雇主免于承担(1B)分节所规定的法律责任。

[(1A)至(1E)分节由《企业和监管改革法案2013》插入,于2013年6月25日生效。]

(2)劳动者是雇员且在如下情形下被解雇,因第10章第197节将不适用于解雇,本节也不再适用:

(a)劳动者是雇员,且

(b)争议的损害上升为解雇(依那一章的定义)。

(3)因本节及与本节关联的48节、49节的目的所在,第43K节有关"劳动者","劳动合同","雇佣"及"雇主"的定义可扩展适用于它们。

《公益披露法》第 3 节

向劳动法庭起诉

3. 在 1996 年法案(向劳动法庭起诉)第(1)小节后插入如下内容:

"(1A)一个劳动者若因 47B 节的违反遭受损害可向劳动法庭提起诉讼。"

《公益披露法》第 4 节

赔偿数量的限制

4. (1)1996 年法案(补救)第 49 节作如下修订。

(2)第(2)分节开始处插入"受制于第(6)分节"。

(3)第(5)分节后插入:

"(6)当

(a)起诉依据的是第 48(1A)节,

(b)劳动者所遭受的损害是劳动合同的终止,且

(c)那个合同并非雇佣合同,

若劳动者曾经是雇员且曾因 103A 节的原因被解雇,他所获得的赔偿数额不得超过依据第 10 章第 2 部分的规定可获得的赔偿。"

《公益披露法》第 5 节

不公平解雇

5. 在 1996 年法案第 103 节后插入:

"103A

受保护的披露

若雇员被解雇的原因(或,若不止一个原因,主要原因)是由于其进行了受保护的披露,应该视为符合本章目的的不公平解雇。"

《公益披露法》第 6 节

裁员

6. 在 1996 年法案第 105 节(裁员)第(6)分节后插入:

“(6A)本分节适用的情形:若雇员被选定并遭解雇的原因(或,若不止一个原因,主要原因)符合第 103A 节的规定。”

《公益披露法》第 7 节

不被不公平解雇权利限制的排除

7. (1)在 1996 年法案第 108 节第(3)分节(不要求合格的雇佣期限的情形),第(f)项之后插入:

“(f)适用第 103A 节”

(2)在 1996 年法案第 109 节第(2)分节(不要求年龄上限),在第(f)项之后插入:

“(f)适用第 103A 节”

《公益披露法》第 8 节

对不公平解雇的赔偿

[该节已经被废除]

《公益披露法》第 9 节

临时救济

9. 在 1996 年法案第 128(1)(b)节及第 129(1)节(与临时救济有关)中“或 103”替换为“,103 或 103A”。

第 10 节

皇室雇佣

10. 在 1996 年法案第 191 节(皇室雇佣)第(2)分节第(a)项之后插入:

“(aa)第四章A,”

第11节

国家安全

[该节已经被废除]

第12节

工作在英国之外

[实质性条款已被废除]

第13节

警官

[该节已经被废除]

第14节

权利侵害的救济

14.在1996年法案第205节(某些权利侵害的救济)第(1)分节之后插入:

“(1A)关于第47B节提到的权利,第(1)分节对雇员的引证对于劳动者来说同样有效。”

第15节

1996年法案解释条款

15.(1)在1996年法案第230节(雇员,劳动者等)结尾插入:

“(6)本节生效受制于第43K节及第47B(3)节;因第8章及与其关联的第4章A及第47B节的目的所在,‘劳动者’、‘劳动合同’及与劳动者有关的,‘雇主’、‘雇佣’和‘被雇佣’第43K节对它们的定义可适用于此。

(2)在1996年法案第235节(其他定义)中的‘职位’定义之后

插入:

‘受保护的披露’由第43A节所定义。”

第16节

非正式劳工行动所致解雇

16.(1)在《工会及劳动关系法(合并)1992》第237节(因非正式劳工行动所致解雇),在第(1A)分节(规定某些案子中对不公平解雇起诉权的排除条款不能适用)

(a)“或103”替换为“,103或103A”,且

(b)“及雇员代表案”替换为“雇员代表案及受保护的披露案”。

第17节

北爱尔兰的相应条款

17.依照《北爱尔兰法1974》(北爱尔兰过渡期间立法)附件1第1(1)(b)项作出的议会命令声明它的目的在于回应这个法律中的这些部分

(a)不受制于那个附件(议会两院的明确决议)第1(4)及1(5)款,但

(b)受制于依照议会两院的废除决议。

第18节

短标题,解释,生效及扩大适用

18.(1)本法可以简称为《公益披露法1998》。

(2)本法中的“1996年法案”指《就业权利法1996》。

(3)因第(4)分节的规定,本法规定自国务大臣以法定文件发布命令指定之日起生效,为不同目的可指定不同日期。

(4)本法通过时下述条款也将生效:

(a)第1节有关1996年法案第43F节规定的发布命令权力,

(b)第8节有关1996年法案第127B节规定的制定规章权力,

(c)第17节,及

(d)本节。

(5)本法,除第17节外,不扩大适用于北爱尔兰。

附录三 日本《公益告发者保护法》

平成十六年六月十八日法律第百二十二号

法案号:122

2004年6月18日

立法目的

第一条 本法的立法目的在于为公益告发者提供法律保护,使因其告发或经营者和行政机关因其告发而采取措施而导致的解雇归于无效,提升有关生命、身体、财产及其他公民权益保护的法律法规的遵从,从而为公民整体福祉的稳定和社会经济的健康运行作出贡献。

定 义

第二条 本法所指“公益告发”指的是一个劳动者[《劳基法》(1947年第49号法案)第九条所指“劳动者”,下同]或工场中执行经营者商业行为的公务员、雇员、代理人,不为获取非法利益、致害他人或其他非法目的,将经营者(包括如下经营者:法人、其他组织或经营商业的个人)已经发生、正在发生或将要发生的告发对象事实,向经营者或经营者预先委派的人(以下统称经营者等),或有管理权限的行政机构告发,以便他们针对前述告发对象事实采取措施(指行政当局的行政命令,解除及其他行为,下同)或建议等(指措施以外的建议或其他行为等,下同),或向任何被指定必须将告发对象事实告发以防止它们的发生或因此导致的损害扩大的人[包括那些承受或可能承受告发对象事实损害的人,但是不包括那些可能对经营者的竞争力或其他法益造成损害的人,本条第(iii)款同样适用]进行告发。

(i)雇佣上述劳动者的经营者(不包括下款中的经营者);

(ii)上述劳动者为派遣工的情形(本条第二款所指派遣工人是指《确保劳动派遣业务的正当操作及派遣工人工作环境改善》(1985年第88号法案,第四条简称为《劳工派遣法》),接受派遣工人服务的经营者(指为本法第二条第一款的经营者提供派遣劳工,第五条第二节同样适用);或

(iii)劳动者执行经营者列入前两款情况的劳动合同或其他协议的事务。

2. 本法中的"告发者"指已经进行告发的劳动者。

3. 本法中的"告发对象事实"指下述事实:

(i)本法附表所列刑事事实(包括基于本法产生的命令,下款同),关涉个人生命和身体保护、消费者权益保护、环境保护、公平竞争保护、公民生命、身体、财产或其他权益保护;或

(ii)违反依照本法附表所列法律所作出的处置措施并构成前款所列事实,而这些法律是该处置措施的基础(包括前述基础是对其

他依照本法附表所列法律所作出的处置措施的违反或者拒不执行建议等,而这些法律是其他处置措施的基础等)。

4. 本法中的“行政机构”指下列机构:

(i)内阁办公室,宫内厅,《内阁设置法》(1999年第89号法案)第四十九条第一、二节所列机构,《国家行政组织法》(1948年第120号法案)第三条第二节所列机构,依法成立并受内阁管理的机构,这些机构内设立的机构,或上述机构中依法被授权独立行使权利的员工;及

(ii)地方公共实体机构(包括议会)。

解雇无效

第三条 一个告发者因下列告发行为被本法第二条第一款第一节所规定的经营者解雇,该解雇无效:

(i)一个告发对象事实被认为已经发生,正在发生或将要发生:向经营者等告发;

(ii)有合理的理由认为告发对象事实已经发生,正在发生或将要发生:向有管理权限的行政机构告发,要求采取措施或建议等;或

(iii)有合理的理由认为告发对象事实已经发生,正在发生或将要发生且符合下述条件之一:向任何被认为必须防止告发对象事实发生或因此导致的损害扩大的人告发:

(a)告发者有合理的理由相信如果他/她进行前两款告发,他/她将遭解雇或其他不利对待;

(b)告发者有合理的理由相信如果他/她进行第(i)款的告发,与告发对象事实有关的证据将被隐匿、伪造或更改;

(c)经营者无正当理由要求告发者不要进行上述两款所规定的

告发;

(d)当告发者进行第(i)款所规定的书面方式告发(包括电子、电磁及其他可被人类识别的方式,同样适用于第九条)后,在20天内未收到经营者等对告发对象事实进行调查的告知,或经营者等无正当理由不展开调查;或

(e)告发者有理由相信对个体生命或身体的损害已经发生或正要发生。

劳务派遣协议解除的无效

第四条 若劳动者为受本法第二条第(ii)款第1节所规定的经营者管理的派遣工人,因上一条告发而致派遣协议(指《劳工派遣法》第26条第1节所规定的派遣协议)被解除,解除无效。

不利对待禁止

第五条 除本法第三条的规定以外,本法第二条第(i)款第1节所规定的经营者不能给予依照本法第三条进行告发的告发者(为经营者现在的或曾经的雇员)任何不利对待,比如降职、减薪或其他对待。

2. 上一条所列不利对待之外,本法第二条第(ii)款第1节所规定的经营者不能给予作为受经营者直接管理的派遣工人的告发者依照本法第三条所进行的告发任何不利对待,比如,要求经营者派遣另一个派遣工人接替告发者的职位。

解释规定

第六条 以上三条不能够排除其他禁止对告发对象事实进行告发的派遣工人解雇或作出其他不利待遇的法律法规(指法律或依照法律产生的命令,第10条第1节同样适用)条款的适用。

2.第三条不能排除《劳基法》第18－2条的适用。

提供常规服务的国家公务员待遇

第七条 尽管有本法第三条至第五条的存在，对提供常规服务的一般国家公务员、《法院职员临时措施法》(1951年第299号法案)所规定的法院职员禁止解雇及作出不利对待的规定也可适用，《国会职员法》(1947年第85号法案)所规定的国会职员可以适用，《自卫队法》(1954年第65号法案)第二条第五节所规定的自卫队职员以及提供常规服务的地方公职人员(本法称之为“一般国家公务员等”)依照本法第三条所提起的告发将适用《国家公务员法》(1947年第120号法案，包括参照适用《法院职员临时措施法》的案子)、《国会职员法》、《自卫队法》及《地方公务员法》(1950年第261号法案)的规定。在这种情形下，一般国家公务员等的指派者及其他本法第二条第(i)款第一节所规定的经营者将适用本法，以防止依照本法第三条的规定进行告发的一般国家公务员等的解雇及其他不利待遇。

对他人正当权益的尊重

第八条 任何依照本法第三条进行告发的劳动者须尽力避免给他人正当权益和公共利益带来损害。

补救措施的通知等

第九条 任何收到告发者依照本法第三条第(i)款所作出的书面告发应尽力不作耽搁地通知告发者：经营者已经采取措施阻止告发事实的发生，或采取了其他必要措施进行纠正，或经营者没有发现与告发相关的告发事实。

行政机关应采取的措施

第十条 任何收到本法第三条第(ii)款所规定的告发的行政机

构应进行必要的调查,如果调查发现告发事实存在,行政机构应采取合理的措施,比如法律法规所要求采取的措施。

2.如果上一节中规定的告发是关于本法第二条第(i)款第三节的刑事行为,尽管有上一节条款的存在,刑事调查和起诉仍将适用《刑事诉讼法》(1948 年第 131 号法案)中的条款。

告 知

第十一条 当前一条第一节规定的行政机构收到告发,如果该行政机构对告发有关的告发事实无权采取措施或建议,该行政机构应告知告发者向有权对告发有关的告发事实采取措施或建议的行政机构告发。

附 则

施行日期

第一条 本法将在经内阁命令签署后生效,时间设定为本法颁布后两年内,本法生效日当天及以后的告发适用本法。

审 查

第二条 本法施行大约五年后,政府将对本法施行状况进行审查并根据审查结果采取必要的措施。

别表(与本法第二条关联)

一、刑法(1907 年第 45 号法案)

二、食品卫生法(1947 年第 233 号法案)

三、证券交易法(1948 年第 25 号法案)

四、农林业产品质量标准及标注法(1950 年第 175 号法案)

五、大气污染控制法(1968 年第 97 号法案)

六、废弃物处理及清洁空气法(1970年第137号法案)

七、个人信息保护法(2003年第57号法案)

八、除前述条款以外的其他经内阁签署的关涉权益保护,比如个人生命和身体保护、消费者权益保护、环境保护、公平竞争保护、公民生命、身体、财产或其他权益保护的法律。

附录四 韩国《公益举报者保护法》

[第10472号法律]

[2011.3.29,制定]

[2011.9.30,实施]

国民权益委员会(公益审查政策科)

02.360.3768

第一章 总 则

第1条 (宗旨)本法的宗旨是保护和支持揭发危害公益行为的举报者,让人民的生活更加安定、透明,为形成一种纯洁的社会风气做出贡献。

第2条 (定义)对本法所采用的术语作如下规定:

1.“公益损害行为”是指危害了公民的健康、安全、环境、消费者的利益和损害公平竞争的行为,主要指下列范围内的行为。

(1)违反附表所列法律中规定的行为;

(2)依据附表中所列法律的规定,会遭受许可取消处分、停职处分等以大总统令形式规定行政处分的行为。

2.“公益举报”是指将已经发生或者可能发生的公益损害行为向第 6 条所列各项中的人员或部门举报、供述、检举、控告或提供调查线索的行为。但是,下列各项不属于公益举报:

(1)明知举报的内容是虚假事实而进行举报;

(2)试图借公益举报谋求金钱或者人事上的特权,除此之外,所有以非法目的而进行举报的情形。

3.“公益举报等”是指公益举报以及在对公益举报进行调查、搜查、诉讼和对举报者是否采取保护措施所进行的调查、诉讼中陈述、提供证据或证言的行为。

4.“公益举报者”是指进行公益举报的人。

5.“公益举报者等”是指公益举报者以及在对公益举报进行调查、侦查、诉讼和对举报者是否采取保护措施所进行的调查、诉讼中陈述、提供证据或证言的人。

6.“不利措施”是指以下各条目中所指行为:

(1)包括罢免、解聘、解雇等在内的所有丢失职位的不利措施;

(2)包括惩戒、停职、减薪、降级、限制升级等在内的所有不当的人事处置措施;

(3)包括转任、调任、不安排工作、职位再配置等在内的所有违反本人意愿的人事措施;

(4)在绩效评价和同事评价中受到歧视,以及由此带来的工资或奖金支付的差别待遇;

(5)教育、培训等自我发展机会的丧失,预算、人力等可用资源的限制或清除,安全信息或秘密情报使用的终止,经营资格的取消,除此之外,对工作环境有不利影响的歧视待遇或措施;

(6)被列入公司特别注意对象名单、公开此名单、受到公司排挤,遭到暴行辱骂等在精神上、肉体上造成伤害的行为;

(7)对工作进行不当的审计调查或调查结果的公开;

(8)包括取消行政许可等在内的所有行政上的不利行为;

(9)包括终止货物合同或服务合同等所有经济上的不利措施。

第3条 (国家责任)国家和地方政府应努力防止公益损害行为的发生和扩大,并对公益举报者进行保护。

第4条 (国民权益委员会的政策制定)为了更好地保护和支持(鼓励)举报者,国民权益委员会(以下称委员会)应当在以下各方面制定相关政策:

(1)公益举报的受理和处理方面;

(2)公益举报者的秘密保护和人身安全保障方面;

(3)对公益举报者不利措施的禁止和对他们的保护措施方面;

(4)对公益举报者的补偿金、救助金方面;

(5)对公益举报者保护制度的教育和宣传方面。

第5条 (和其他法律的关系)在保护举报者方面,本法与其他法律的适用出现竞合时,优先适用本法,如果适用其他法律对举报者更有利,则适用该法律。

第二章 公益举报

第6条 (公益举报)任何人对已经发生或可能发生的公益损害行为都可以向以下人员或机关进行举报:

(1)公益损害行为人所属机关、组织、企业的法定代表人或管理者;

(2)对公益损害行为有指导、监督、管制或者调查权的行政机关或监督机关(以下称调查机关);

(3)侦查机关;

(4)委员会;

(5)其他总统令中规定的认为举报行为可以防止公益损害行为发生或损害扩大的人或机关。

第7条　(公职人员的举报义务)根据《腐败防止和国民权益委员会的设立与运营法》第2条第3项,公职人员在工作过程中发现公益损害行为时,应当向调查机关、侦查机关或者委员会举报。

第8条　(举报方法)1. 举报人员需向第6条各项所列的人员或机关提交写有以下各项事项的文书(包括电子文书,以下称“举报书”)和公益损害行为的证据等:

(1)举报者的姓名、身份证号码、住所、联系方式等个人信息;

(2)公益损害行为的实施者;

(3)公益损害行为的内容;

(4)举报的目的和理由。

2. 如果不能提交第1款所列的举报书,可以口头举报。此种情形下仍需提交证据。

3. 受理口头举报的人员应当将口述内容做成举报书并向举报者宣读,举报者应当签名或盖章。

第9条　(确认及转交举报内容)1. 委员会受理举报时,可以对举报者的个人信息、举报的原委和目的等内容进行确认。

2. 委员会根据第1款确定举报真伪时,在必要的范围内,可以要求举报者提供相关资料。

3. 委员会根据第2款确认事实后，直接将举报的相关资料转交给有管辖权的调查或侦查机关。转交后，应通知举报者。

4. 根据第3款，接收到举报资料的调查或侦查机关在调查、侦查结束后，应将调查或侦查结果通知委员会。委员会也应将调查、侦查结果的主要内容通知举报者。

第10条 （公益举报的处理）1. 调查机关自己受理公益举报或受理从委员会转交的公益举报时，针对举报内容需要进行必要的调查。

2. 有下列情形之一的，调查机关可以不进行调查或中断调查：

（1）举报内容明显是虚假的；

（2）无法知悉举报者个人信息的；

（3）两次以上要求举报者补充举报书或证明资料，举报者在规定期限内没有补充完整的；

（4）没有正当理由，在得知举报处理结果时再次举报的；

（5）向新闻媒体公开了举报内容，除公开的内容外，没有其他新的证据的；

（6）依据其他法律，对公益损害行为已经开始或终止调查的；

（7）其他总统令中规定的认为不需要对公益损害行为进行调查的。

3. 调查机关根据第2款决定不进行调查或中断调查时，应当及时通知举报者。

4. 调查机关完成对举报的调查时，应根据调查结果采取必要的措施，并将结果通知举报者。

5. 依据第6条受理举报的相关机构工作人员在公益损害行为被

发现之前,不得公开举报调查结果、被举报者的个人信息等内容。

6. 如果调查机关受理了超越其管辖范围内的举报,应移送给有管辖权的机关,并通知举报者。

第三章 举报者的保护

第 11 条 (个人信息的记载省略) 1. 如果有足够的理由认定举报者或者其近亲属、同居者因为举报行为会遭受损害,在调查和刑事程序中则适用《特定犯罪举报者保护法》第 7 条、第 9 条至第 12 条的规定。

2. 举报者或其法定代理人可以根据第 1 项向调查机关或侦查机关提出采取相关措施的申请。调查机关、侦查机关没有特殊理由,不得拒绝。

第 12 条 (举报者的秘密保护义务) 1. 任何人不得向他人告知、公开、报道举报者或假想的举报者及其个人信息,但经举报者同意的除外。

2. 委员会可以要求有关机关负责人对违反第 1 项规定向他人通知、公开、报道举报者或假想的举报者及其个人信息的人采取惩戒等必要的措施。

第 13 条 (人身保护措施) 1. 举报者或其近亲属、同居者的生命、人身安全因举报行为而面临严重威胁时,可要求委员会采取合理的保护措施(以下称人身保护措施)。

在这种情况下,委员会在必要时可要求公安分局负责人采取有关保护措施。

2. 公安分局负责人在收到符合上述第 1 款之规定提出的要求

时,应当按照总统令的规定,立即采取相关措施。

第 14 条　(罪责的减免)1. 因为举报行为导致举报者自己所犯之罪被侦破,对该举报人的刑罚可予减轻或免除。

2. 因为举报行为导致举报者自己的违法行为被发现而因此遭到处分(指公务员处分)时,委员会可以要求有关机关负责人减轻或免除对该举报人的处分。这种情况下,有关机关负责人除有正当事由外,不得拒绝。

3. 如果举报内容中包含职业秘密,不视为举报者违反了其他法律、团体协约或就业法则中所规定的职业秘密遵守义务。

4. 被举报者因举报行为而遭受损失时,不得向举报者要求赔偿,但属于本法第 2 条第 2 款所规定的除外。

5. 团体协约、雇佣合同、供销合同中规定禁止或限制举报的条款无效。

第 15 条　(不利措施的禁止)1. 任何人不得因为举报行为而对举报者采取不利措施。

2. 任何人不得妨碍举报者举报,也不得强迫举报者放弃举报。

第 16 条　(人事措施的优先考虑)举报者的雇主或人事权者对举报者合理的调职、调离、调入等人事请求应该优先考虑。

第 17 条　(保护措施的申请)1. 如果举报者因其举报而受到不利措施(包括收集证据资料等举报准备过程中遭受的不利措施),可要求委员会采取恢复原状等合理措施。

2. 举报者应在不利措施发生之日起(不利措施有连续或者继续状态的,从行为终了之日起计算)3 个月内申请保护措施,但因自然灾害、战争、突发事变等不可抗力的事由 3 个月之内未申请时,应当在事由消灭之日起14日内(涉外情况为30日)申请。

3. 如果其他法律中有关于因举报而受到不利措施时的行政救济程序的规定,则举报者可以依照此规定寻求救济,但根据第1款的规定已申请保护措施的除外。

第18条　(保护措施申请的驳回)有下列情形之一的,委员会可以决定驳回举报者的保护措施申请:

(1)除举报者本人和《行政诉讼法》第12条第1款规定的代理人之外的其他人申请采取人身保护措施的;

(2)举报者属于本法第10条第2款规定的情形的;

(3)超过第17条第2款所规定的申请期限而申请的;

(4)对同一个不利措施在收到驳回决定或第20条第1款规定的保护措施决定、拒绝决定时再次申请的;

(5)根据第20条第2款的规定,对委员会已建议采取的保护措施再次进行申请的;

(6)已依照其他法律的规定申请救济的;

(7)依照其他法律的规定已经获得救济的。

第19条　(对保护措施申请的调查)1. 委员会接到保护措施的申请时,应对举报者是否因举报而遭受不利措施展开调查。这种情况下,委员会应将举报者申请保护措施的事实通知调查机关。

2. 如果委员会认为有必要对保护措施的申请进行调查,则可以要求以下人员提交相关资料:

(1)申请保护措施的人(以下称为申请人);

(2)采取不利措施的人;

(3)其他有关人员;

(4)相关机构、企业或其他组织。

3. 委员会可要求第2款第1项至第3项规定的人员到场说明情况或提交书面意见(申诉书)。

4. 委员会在调查过程中应给与当事人充分的解释机会。

5. 根据第1款后段的规定,接到通知的调查机关应按照总统令的规定协助委员会进行关于举报者保护措施申请的调查。

第20条　(保护措施的决定)1. 如果经调查认定申请人确因举报而遭受不利措施(第2条第6款第8项和第9项除外),委员会应当作出决定(以下称保护措施决定),要求采取不利措施的人30日以内采取下列保护措施。如果经调查认定申请人不是因举报而遭受不利措施,委员会应当作出拒绝采取保护措施的决定(以下称拒绝决定)。

(1)恢复原状;

(2)支付拖欠或少支付的工资等(包含利息);

(3)取消或禁止不利措施。

2. 如果经调查认定申请人因举报遭受了本法第2条第6款第8项和第9项规定的不利措施,委员会可以建议采取不利措施的人在30日以内采取恢复行政许可或合同的效力等必要措施。

3. 第18条规定的驳回决定、本条第1款规定的保护措施决定和拒绝决定、第2款规定的建议都应以书面形式存在,并通知当事人。

4. 如果委员会作出了采取保护措施的决定,可以要求有关机构负责人对采取不利措施的人进行惩处。

5. 支付第1款第2项规定的拖欠或少支付的工资时,支付标准和计算方法应由总统令规定。

第21条 （保护措施决定的生效）1.申请人和采取不利措施的人（当事人）自收到决定书（保护措施决定书、拒绝决定书、驳回决定书）之日起30日内可以根据《行政诉讼法》的规定提起行政诉讼。

2.如果当事人在第1款规定的时间内没有提起行政诉讼，则决定生效。

3.不能依据《行政审判法》，对保护措施决定、拒绝决定、驳回决定提起行政审判请求。

第22条 （禁止不利措施的申请）1.举报者因为举报很明显会遭受不利措施时（包括准备证据资料等举报准备行为），可以向委员会申请禁止不利措施。

2.委员会在收到禁止不利措施申请时，应当立即对举报者是否因为举报而可能遭受不利措施开展调查。

3.不利措施禁止申请适用本法第18条、第19条和第20条第1款至第3款的规定。

4.委员会经调查认定举报者因举报可能会遭受不利措施时，可以建议采取不利措施的人停止该行为。

第23条 （不利措施的推定）有下列情形之一的，推定举报者会因举报遭受不利措施：

1.试图查出举报者或妨碍举报者进行举报，强迫举报者放弃举报；

2.在举报之后两年内，对举报者采取了不利措施；

3.在收到根据第22条第4款提出的不利措施禁止的建议后仍

然采取不利措施。

第 24 条　(建议和解) 1. 委员会收到保护措施申请时,在作出保护措施决定、拒绝决定或向采取不利措施的人提建议之前,可以依职权或依当事人的申请就保护措施和损害赔偿问题建议和解或提出和解方案。这种情况下,和解方案中不得含有违反本法宗旨的内容。

2. 委员会制作和解方案时应充分听取当事人的意见。

3. 如果当事人同意委员会的和解方案,应制作和解协议书并由当事人和委员会所有参与人员签名或盖章。

4. 签名盖章后,视为当事人就和解协议书的内容达成一致意见,和解协议书与《民事诉讼法》中的诉讼调解具有同等效力。

第 25 条　(请求协助) 1. 本法第 6 条规定的受理举报的机构或委员会在对举报内容进行调查、处理的过程中或需要采取保护措施时,可以向有关行政机关、咨询机构、医疗机构、其他组织等请求协作和援助。

2. 收到协助请求的有关行政机关、咨询机构、医疗机构、其他组织无正当理由不得拒绝。

第 25 条之 2　(举报政治运动的例外) 1.《国家公务员法》和《地方公务员法》规定的公务员(《国家情报院职工法》第 2 条规定的国家情报院职工除外。以下本条中称国家公务员等人员)如果接到有关下列任何一种运动的指示,应依照总统令中规定的程序提出异议,若提出异议后仍不改正,则可以拒绝执行该任务。

(1)《国家公务员法》第 65 条规定的政治运动;

(2)《地方公务员法》第 57 条规定的政治运动;

(3)《军刑法》第 94 条第 1 款规定的政治干预活动。

2. 国家公务员等人员依照第 1 款的规定提出异议后仍不改正时，为了公共利益，在向调查机关举报时不得适用《刑法》第 127 条和《军刑法》第 80 条的规定。

3. 任何人不得对第 2 款规定的举报者采取不利措施。

第四章　补偿金及救助金

第 26 条　(补偿金) 1. 如果举报直接导致国家或地方政府挽回或增加以下各项的收入，或者因为举报而确立了某种法律关系，举报者可据此向委员会申请支付补偿金。

(1)处罚或通报处分；

(2)没收或追缴金的征收；

(3)罚款或强制履行金的征收；

(4)附加费的征收；

(5)其他总统令中规定的处分或判决。

2. 委员会收到依照第 1 款规定提出的补偿金支付申请时，应当按照《腐败防止和国民权益委员会的设立与运营法》第 69 条的规定，经补偿审议委员会审议和表决后，按照总统令的规定支付补偿金，但是对公益损害行为有举报义务的人员或公职人员举报与自己职务相关的事项时，可以减少或不予支付该补偿金。

3. 上述第 1 款规定的补偿金支付申请应当自知道国家或地方政府挽回或增加收入，或知道法律关系确定之日起 2 年内及法律关系确定之日起 5 年内提出，但有正当理由的除外。

4. 委员会在收到依第 1 款规定提出的补偿金支付申请后，应该在自申请之日起90日内决定是否支付以及补偿金的数额,但有特殊事由的除外。

5. 如果委员会认为有必要对补偿金的支付进行调查,可以要求补偿金申请人、其他有关人员、相关机构出席,到场说明情况或提交相关资料。补偿金申请人、其他有关人员、相关机构收到此要求时除有正当理由外不得拒绝。

6. 委员会根据第4款的规定作出支付补偿金决定后,应当及时通知申请人和有关地方政府(仅限于举报行为直接挽回或增加地方政府收入和确定了相关法律关系的情况)。

第27条 (救助金) 1. 如果举报者或者其近亲属、同居者因举报在下列各项中遭受损失或支出相关费用,可以向委员会申请支付救助金:

(1)身体或精神治疗等所需的费用;

(2)因调职、工作派遣等所需的搬家费用;

(3)为恢复原状,在诉讼程序中所需的费用;

(4)不利措施存续期间的工资损失额;

(5)其他重大的经济损失[但第2条第6款第(8)项和第(9)项除外]。

2. 委员会收到依照第1款规定提出的救助金支付申请时,在经补偿审议委员会审议和表决后,可以按照总统令的规定支付救助金。

3. 委员会就救助金的支付问题,可以对申请人和利害关系人进行调查或在行政机关或其他组织中查询必要的信息。这种情况下,行政机关或其他组织(相关组织)除有特殊事由外不得拒绝。

4. 如果举报者或者其近亲属、同居者在第 1 款所列各项中已获得损害赔偿，则在赔偿金额范围内不再支付救助金。

5. 委员会支付救助金时，在其支付金额的范围内，获得救助金者代位行使针对第 1 款所列各项持有的损害赔偿请求权。

第 28 条　（禁止重复支付补偿金和救助金） 1. 依照第 26 条、第 27 条的规定获得补偿金或救助金者，不得再依照其他法律提出补偿金或救助金申请。

2. 申请者在获得补偿金或救助金之前，基于同一原因依照其他法律已获得补偿金或救助金时，如果数额超过或接近本法规定的补偿金、救助金金额，则不再支付补偿金或救助金。如果数额低于本法规定的补偿金、救助金金额，则扣除其获得的数额后再决定补偿金或救助金的数额。

3. 申请者依照本法获得补偿金或救助金后，又基于同一原因依照其他法律进行补偿金或救助金申请时，则扣除其已获得的数额，再根据其他法律的规定决定补偿金或救助金的数额。

第 29 条　（补偿金救助金的收回） 1. 委员会或依照其他法律支付补偿金或救助金的机关，发现有下列情形之一的，应当通知申请人返还相应的补偿金或救助金，申请人应当及时返还：

（1）补偿金、救助金申请人是虚假的，除此之外，以非法方法获得补偿金或救助金的；

（2）违反第 28 条第 2 款和第 3 款的规定支付补偿金或救助金的；

（3）由于差错等原因错误支付补偿金或救助金的。

2. 依照第 26 条第 6 款的规定收到委员会关于支付补偿金决定

通知的地方政府,应当自收到通知之日起3个月内将委员会已支付给申请人的补偿金数额偿还给委员会。

3. 依照第1款和第2款的规定应当返还或偿还补偿金、救助金的申请人或地方政府,如果在规定期限内没有缴纳,委员会可以依照国税或地税的规定征收滞纳金。

第五章　处罚规定

第30条　(处罚规定) 1. 对符合以下情形之一的人员,处3年以下有期徒刑或3000万(韩币)以下的罚金:

(1) 违反第10条第5款的规定,公开被举报者个人信息等举报内容的;

(2) 违反第12条第1款的规定,向他人告知、公开、报道了举报者或假想的举报者及其个人信息的。

2. 对符合以下情形之一的人员,处2年以下有期徒刑或2000万(韩币)以下的罚金:

(1) 违反第15条第1款的规定,对举报者采取了第2条第6款第1项所述的不利措施的;

(2) 不履行依照第21条第2款规定已经生效的决定或提起行政诉讼后生效的保护措施的。

3. 对符合以下情形之一的人员,处1年以下有期徒刑或1000万(韩币)以下的罚金:

(1) 违反第15条第1款的规定对举报者采取了第2条第6款第2项至第7项所述的不利措施的;

(2) 违反第15条第2款的规定,妨碍举报者举报或强迫举报者放弃举报的。

第31条 （罚款）1. 对违反第19条第2款和第3款的规定拒绝出席、提交书面意见或资料者处以3000万（韩币）以下的罚款。

2. 第1款规定的罚款，依照总统令的规定，由委员会负责征收。

后　记

本书是我博士论文的修订版,原文早在2014年就已完成。博士毕业后,我没有选择去高校从教,仍旧继续我的律师生涯,博士论文和博士文凭便一同被束之高阁。两年多前,我的博士生导师颜运秋教授南下广州,受聘于广东财经大学,他邀我去那里从事博士后研究工作,于是我得以再返高校。博士后在站期间,我以本书申请广东财经大学的出版资助,获得准许,我这篇尘封多年的博士论文才得以面世。

本书的出版对我本人来说有着非同寻常的意义。我最初学医,17岁时便早早离开学校,到26岁时,在社会上漂沦九载后,方重入校园读书,当时真是感觉恍如隔世。两年后,我提前一年毕业,获得经济法硕士学位,为母校硕士招生以来唯一提前一年毕业的学生,还因科研成绩突出,获得研究生校长奖。硕士毕业后,我到广东开始从事律师职业,做律师近两年后被中南大学法学院录取为博士研究生。因我在博士期间仍以律师为业，在学校只待了一年多时间，虽然是全日制学位，但实际上只能算半工半读，几乎每周都辗转于湘粤两地，加之中南大学博士毕业条件极严，对我这样的学生而言，毕业难度可想而知。即便如此，我仍获得了极难获得的优博资助，还曾荣获教育部博士生国家奖学金。博士攻读凡五载，在我2015年终于获得博士学位时，真有喜极而泣之感。我硕士毕业后就一直从事律师职业，博士学位对我并无功用上的意义，但我这样一个读卫校的中专生，以如此木讷且无争的个性，在离开校园近20年后，终于戴上博士帽，完全称得上是一种个人理念上的胜利，更让我看到梦想的珍贵。

盖因我这样糟糕的学术背景，虽然表面看来科研成绩并不差，但事实上我对自己的学术水平素无信心，不过这篇论文让我深受鼓舞。当年博士答辩之前，这篇博士论文送外审时，三位外审专家中的两位教授都给它评了“优秀”，得分均在90分以上，还有一位教授给了更高的表扬，评为“特优”，给了97.5分的超高分。这比我的预期好了很多，我虽然满心欢喜，但觉得受之有愧。这次申请广东财经大学的出版资助，仍然需要通过三位校外专家的评审。获得资助后，科研处的老师将三位校外专家的评语发给我，在拙作完成7年后，这几位专家仍然给了它很高的评价，这真是让我心生感激。没有这些学者的肯定，我断然不敢将本书呈现在你们面前。

本书的出版应该感谢广东财经大学的慷慨相助，感谢我的导师颜运秋教授的悉心指导,也感谢法律出版社朱海波老师的宝贵意见。我还要特别感谢这一路上给予我帮助的各位亲朋好友,20年江湖夜雨,没有你们的帮助,我肯定无法完成这项工作。

周晓明

2021年6月于广州